JN296099

INTERNATIONAL CHRISTIAN UNIVERSITY

国際基督教大学 富山真知子 [編]

ICUの英語教育
リベラル・アーツの理念のもとに

KENKYUSHA

ICUの英語教育

まえがき

　ICU イコール英語という短絡的なイメージが一般には浸透しているようだ。あるいはそれ以前に、ICU は病院の集中治療室としか知らないという人も多いかもしれない。ただ、グローバルに活躍する人々の間では、また、リベラル・アーツや英語教育に携わる人々の間では、ICU、即ち国際基督教大学は、多少なりとも興味や関心を集めて来たと思われる。実際、世間のイメージ通り、卒業生の英語熟達度は日本人の平均をはるかに上回り、英語を道具として国内外で活躍する者も数多くいる。したがって、「ICU と言えば英語」のイメージは事実であるかもしれないが、それはほんの一部の事実をとらえたものでしかない。

　本書は、その「ICU と言えば英語」を支える教育課程（English Language Program、ELP）の実際を記述したものであるが、このプログラムは「英語」教育プログラムでありながら、単に言語としての英語の教育でないところが大きな特徴である。さらに、これに関連した大切な特徴として、ICU の英語教育は、ICU という日本においてはユニークな大学の掲げる教育理念、即ち「リベラル・アーツ」の枠組みの中で構築されていることがあげられる。ICU の目指す「リベラル・アーツ」の意味、そして単に言語としてではない「英語」の詳細を本文でじっくりお読みいただきたいが、この「まえがき」においてあらかじめ ELP をひとことで書き表わしておくとするならば、「リベラル・アーツ」教育の土台を英語で築くプログラムということになるだろう。

　最近になって日本においても、ようやく本来の意味での「教養教育」、「リベラル・アーツ」教育が注目されて来ている。加えて、大学設置基準

まえがき>>

の改訂に伴い、英語教育改革に着手した大学は多数にのぼる。私大では志願者数低下は否めない現実となっており、より魅力的な大学に生まれ変わろうと、英語教育改革に乗り出す大学も多い。また、ここ数年多くの国立大学においてもその独立行政法人化のプロセスの中で、英語教育カリキュラムの改革が行われた。早期に改革を実行した私立大学ではその成果が問われ、改めて自己点検、評価が行われている時期でもあろう。国立大においても今後しかりである。このような背景を考えると、創立以来一貫して「リベラル・アーツ教育」の枠組みの中で構築され、実践され、実績をあげて来た「ICU の英語」を包括的に紹介する本の出版は、英語教育や大学教育に身を置くものとして、共に 21 世紀を歩む上で多少意義があると考えた次第である。

しかしながら、本書は英語教育や大学教育に携わる者のみを対象としたものではない。本文をお読みいただければわかるように、「リベラル・アーツ教育」では思考力と判断力のための一般的・知的能力を発展させることも目標のひとつになる。リベラル・アーツの汎用性ということを本文では説いているが、その意味で、アカデミアという垣根を越え、一般の学習者やビジネスパーソンにとっても役に立つ情報が含まれていると確信する。

さらに本書は、まだ大学に身をおいていないが大学への入学を考えている者（多くは高校生ということになろう）には、アカデミックな世界の入り口である大学の本来の意義やグローバルな社会における英語の意味を考える糸口を提供しているかもしれない。これからの日本を担うこうした人々に何らかのヒントを与えることができるならば、編者としてはうれしい限りである。

本書を編むにあたっては、ELP の現役ティーチングスタッフを執筆者とした。しかしながら、「ELP は一日にしてならず」、開学以来さまざまな形で ICU の英語教育課程に携わったさまざまな人々の専門的見識や創造力、そしてリベラル・アーツ教育にかける情熱と献身に支えられて現在の ELP が築かれている。そうした方々おひとりおひとりの名前をあげることはできないが、この場を借りて改めて深い敬意と感謝の念を表したい。

また、ELP は本文にもあるように、統合的なプログラムであり、個人の尽力だけで成り立っているものでは決してない。したがって、本書は形の上では個人が執筆しているが、各章は ELP スタッフ全員の貢献に支えられている。編者として執筆者を代表し、ここに感謝の意を表する次第である。さらに、長年 ELP に多大なご貢献をいただいた吉岡元子名誉教授に対し、編者として、個人として、心からお礼を申し上げる。先生には本の構想の段階から資料の提供を始めとしてたくさんの貴重なご助言やアイディアを頂戴した。最後に、研究社の佐藤淳氏は多忙を極める編者を暖かくお見守り下さり、出版まで導いて下さった。執筆者一同、感謝の念に絶えない。

2006 年 3 月

富山真知子

Contents

■第1章 ICUのリベラル・アーツ教育　1
富山真知子

1. はじめに　1
2. 誤解される「教養教育」　1
3. ICUの考えるリベラル・アーツ教育　2
3.1 専門性と一般性　3
3.2 解放性　5
3.3 責任性　6
4. おわりに　8

■第2章 ELP（英語教育プログラム）の目的　10
富山真知子

1. はじめに　10
2. 英語でリベラル・アーツ教育　10
3. 基礎的学問能力　12
　3.1 正確な理解能力　12
　3.2 批判的思考能力　14
　3.3 学問探究能力　16
　3.4 自己表現能力　18
　3.5 問題解決能力　20
4. ICUにおける英語教育の歴史　20
5. おわりに　23

■第3章 ELPの概要　25
深尾暁子・渡辺敦子

1. はじめに　25
2. 学生の実態　25
　2.1 ELPの履修対象学生　26
　2.2 履修学生の英語力　27
3. 履修学生の意識　28
　3.1 入学以前　28
　3.2 入学後　29
4. 教授法の特徴　30
　4.1 内容中心アプローチ（Content-based Approach）　31
　4.1.1 The ELP Reader　31
　4.2 統合的アプローチ　33
　4.2.1 4技能の統合　33
　4.2.2 統合的プログラム　34
5. プログラムの特徴　37
　5.1 習熟度別プログラム　37
　5.2 プログラム移動　38
　5.3 少人数セクション　39
　5.4 ELP教員　40
　5.5 集中度　40

5.6 英語で授業を行う 41
5.7 プログラム・コーディネーション 42
　5.7.1 シラバス 42
　5.7.2 コース・コーディネータ 43
　5.7.3 ELP教材 43
5.7.4 プログラム共通テスト 45
5.7.5 ELP会議 45
5.7.6 スタッフ・ハンドブック 46
6. おわりに 46

■第4章　ELPのカリキュラム　48

深尾暁子

1. はじめに 48
2. カリキュラムの概要 48
　2.1 1年次のカリキュラム 48
　2.2 カリキュラムの中核を成すコース 50
　2.3 コミュニケーション技能向上のためのコース 52
　2.4 2年次のカリキュラム 54
3. 海外英語研修プログラム 55
4. カリキュラムの全体像 58
5. 成績と単位 58
6. おわりに 60

■第5章　Academic Reading and Writing（読解と論文作法）　62

深尾暁子・Ged O'Connell

1. はじめに 62
2. Academic Reading and Writingの特徴 62
　2.1 批判的思考能力育成のためのテーマ 62
　2.2 読解指導の特徴 64
　2.3 ライティング指導の特徴 65
3. 授業の流れ 67
　3.1 導入（Pre-reading Stage）67
　3.2 読解と討論（Reading and Discussion Stage）68
　3.3 ライティング（Writing Stage）70
4. 授業風景 71
4.1 導入（Pre-reading Stage）71
4.2 読解と討論（Reading and Discussion Stage）73
4.3 ライティング（Writing Stage）77
4.4 評価 88
5. 指導上の特徴 90
　5.1 繰り返しの学習（Recycling）90
　5.2 学生同士の相互学習（Peer Learning）91
　5.3 自律学習（Autonomous Learning）92
6. おわりに 92

■第6章　Reading and Content Analysis（精読と英文構成法）　94

藤井彰子・渡辺敦子

1. はじめに　94
2. 分析読書とは　94
3. 到達目標とする読解力　98
   3.1 テキスト全体を理解する力　98
   3.2 テキストを分析する力　100
   3.3 情報を統合する力　101
   3.4 情報を解釈する力　103
4. 分析読書に必要な技能　104
   4.1 到達目標とするリーディング技能　106
      4.1.1 テキストの概観をつかむ（Survey a Text）　108
      4.1.2 テキストの文脈を理解する（Who Says What to Whom for What）　108
      4.1.3 情報のつながりを図式化する（Map Ideas in a Text）　110
   4.2 到達目標とするライティング技能　111
      4.2.1 自分のことばに置き換える（Paraphrase）　112
      4.2.2 定義文を書く（Write a Definition）　113
5. 学習の流れ　115
6. リベラル・アーツ教育における分析読書の役割　118
7. おわりに　120

■第7章　Narrative Presentation（講義）　123

藤井彰子

1. はじめに　123
2. Narrative Presentation の概要　123
3. 学問的思考能力育成における講義授業の意義　124
4. アカデミック・リスニングの訓練　126
5. その他の教育的意義　127
6. おわりに　128

■第8章　Communicative Strategies（コミュニケーション・ストラテジー）　130

桐村美香

1. はじめに　130
2. ICU における Communicative Strategies　130
3. 春学期のコース到達目標　131
4. 秋・冬学期のコース到達目標　133
5. Academic Learning Strategies　136
   5.1 歴史　136
   5.2 問題点と改革　137
   5.3 改革を通しての変化　138
   5.4 口頭発表　140

5.5 授業評価に関する授業　144
6. Academic Listening and Note-taking　144
   6.1 歴史と教科連携　145
   6.2 モニタリングの導入　145
   6.3 教材改革　147
   6.4 実際の授業例　148
7. Communication through Multimedia　151
   7.1 歴史　151
   7.2 授業内容　152
8. Communicative Strategies の必要性　154
9. おわりに　155

■第9章　Theme Writing（論文作成法）　157　　　　　　林千代

1. はじめに　157
2. 授業概要　157
3. 授業の目的　159
4. 授業計画　159
5. テキスト　160
6. 評価方法　160
7. Conference（個別指導）　161
8. トピック選び　161
9. タスク中心の授業展開　163
   9.1 エッセイマップの作成（Essay Map）　163
   9.2 読者のインタビュー（Audience Interview）　166
   9.3 イントロダクションの書き方　167
   9.4 ピア・フィードバック（Peer Editing）　168
10. 今後の課題　170
11. おわりに　172

■第10章　Sophomore English（ソフォモア英語）　173　　　　　　渡辺敦子・David Pickles

1. はじめに　173
2. トピックの多様性　173
3. 学生による選択　175
4. 具体例 Film Studies: An Introduction　176
   4.1 到達目標　176
   4.2 シラバス　177
   4.3 WebCT課題　質問作成『市民ケーン』　177
   4.4 WebCT課題　質問作成『羅生門』　179
   4.5 試験　181
5. おわりに　182

■第11章　ELPの運営　183　　　　　　守屋靖代

1. はじめに　183
2. 大学の組織的サポート　183
3. ELPの組織　184
4. ELP教員の責務　186

5. 学生指導　189

6. おわりに　191

■第12章　ELPへの評価　192
守屋靖代

1. はじめに　192
2. ELP履修中及び終了時の学生から見えるELP　192
3. 現役学生による評価　193
4. 卒業生の評価　195
5. 国内、外での評価　197
6. 教員、行政部、外部による評価　198
   - 6.1 語学教育プログラムに関する学長諮問委員会報告書　198
   - 6.2 大学基準協会への自己点検評価と評価結果　200
7. おわりに　203

■第13章　ELPと日本の大学英語教育　205
富山真知子

1. はじめに　205
2. 大学教育理念との連動　205
3. 日本の大学英語教育　207
4. おわりに　211

執筆者一覧　213

Chapter 1

ICU のリベラル・アーツ教育

富山真知子

1. はじめに

　ICU の英語教育を語る時、まずどうしてもしておかなければならないことがある。それは ICU という大学はどのような目標を持った大学であるかを語ることである。すなわち、「大学の教育理念を語る」ということになる。読者としては、そういう観念的なことはどうでもよいからもっと具体的なことを早く読ませて欲しいと願うことだろう。それも承知の上であえてそれをするのには理由がある。それはこれからご紹介する英語教育プログラム（English Language Program、以降 ELP と略す）が大学の教育理念を実現するための一環として存在しているからである。ICU の教育理念の枠組みの中で英語教育がとらえられているからこそ、意味があるのであり、評価を得ているといって過言でない。まさにこれが本書のテーマであり、結論でもあるのである。

2. 誤解される「教養教育」

　ICU という大学の教育理念は何であるかを一言で言い表すのはたやすい。それはリベラル・アーツ教育ということになる。ただし、リベラル・アーツ教育を説明するのには、日本というコンテクストにおいては、はなはだ困難が伴う。それは「リベラル・アーツ教育」が「教養教育」や「教養課程」と訳され、日本語における「教養」の持つ意味合いが、本来の「リベラル・

アーツ」の持つ意味とは異なるためにしばしば誤解を招くからである。日常会話で人はよく「あの人は教養がない」などと使う。シェークスピアの一節を当意即妙に引用できたり、ある事柄の蘊蓄を披露したりすることができれば、その人は「教養のある」人と評されるだろう。こうした意味合いでの「教養」が日本人に広く浸透している。

　また、大学教育においては、「一般教養科目」や同義の「一般教育科目」はネガティブな響きを持つ。第2次世界大戦後、アメリカ教育使節団の提言によってもたらされた教育改革の一環として、大学に「教養課程」が設けられた。狭く、専門性に偏ったそれまでの日本の高等教育を是正するためのものとしての、専門教育の基礎となる「教養教育」の提言であったのだが、それが正しく理解されないままに日本の諸大学に行き渡ってしまった現状がある。その結果、広く、浅く、程度が低い、つまらない、役に立たないなどと批判されるに至るのである。

　さて、ICUは、このように誤解の多い「教養」を冠した「教養学部」というひとつの学部と大学院からなるのであるが、もちろんICUの教養教育はこうしたものとは異なる。それではICUの標榜するリベラル・アーツ教育とはいかなるものであろうか。

3. ICUの考えるリベラル・アーツ教育

　ICU教授のシェーパース氏（1999）も述べる通りリベラル・アーツ教育は定義しにくい。変動する社会や学生のニーズに合わせてダイナミックに変化するもの、すべきものであるからである。しかしながら、リベラル・アーツの思想を歴史的に見れば、現代にまで通じる理念が浮かびあがる。12世紀に成立したヨーロッパにおける大学という制度の中での「アルテス・リベラーレス（自由人にふさわしい技芸[1]）」、近代ドイツに特徴的な、専門にとらわれず古典や哲学を学ぶことによって自分自身を作り上げて行く「人格陶冶」の考えなど、先に述べた「教養」の一般的解釈のルーツにもなると納得させられるいくつかのキーワードが出てくる。リベラル・アーツの成り立ちやその背景は専門書にゆずることにして、ここでは、ICUの創設やその後

の発展に貢献のあった人々、また現役の教授陣の考えを中心に、共通理念をまとめることにする。さらに、ICU のリベラル・アーツ教育のモデルとなったのはアメリカ合衆国のそれであることを鑑みて、現代のアメリカ合衆国のリベラル・アーツ教育の考えも併せて紹介したい。

>3.1 専門性と一般性

リベラル・アーツ教育を考える上で第一に出てくる問題としては専門性に対する一般性である。19 世紀に専門教育が大学の中心になるに至り、その反動として、専門教育や職業教育に直接的に結びつかない「一般性」が推進された。専門に偏り過ぎ、知性のバランスを失うことへの批判である。

ではこの一般性の実態は何であろうか。「思考」というキーワードがまず挙げられる。ICU のリベラル・アーツに関する文献、その他(章末参照)をあたっても、いずれも「思考力」、「よりよく思考する」、「思考のスキル」、「考える道筋」、「論理的思考能力」、「思考態度」、「思索能力」、「学問の成果を理解し得る能力」、「理解力」、「把握力」、「判断力」、「分析力」、「統合力」、「関連づけ」、「批判力」、「批判的思考力」、「問題発見能力」、「問題設定能力」、「問題解決能力」、「想像力」、「創造力」、「構想力」、「一般知的能力」など、人間の知的活動の能力に言及することば[2]が並ぶ。またアメリカ合衆国の大学におけるリベラル・アーツ教育を審査する公的機関、American Academy for Liberal Education (AALE と略す) も審査基準のひとつに「理路整然と考え抜く能力[3]」を挙げる。これと同時に、「思考の方法」、「学問の方法」、「学ぶことを学ぶ」、「専門分野の学問の方法」など上記の「力」を得るための方法も一般性の中味として挙げられる。

こうした「思考」に関連する知的活動能力の他に、あるいはその一環としてと言った方がより正確かもしれないが、リベラル・アーツは「自己表現能力」も重視する。AALE では「the skills of articulate expression（自在に、明確に表現する技術）」という文言を用いている。ICU では開学のビジョンとして、日英のバイリンガル教育を謳い、実践して来た。これは後に述べる「多元的視野」獲得の観点からも、「地球市民の責任」の観点からも重要な点であるが、リベラル・アーツの一般性の中味としても重要である。

Chapter 1>>

母語にしろ、第二言語にしろ、言語を越えたその他の表現方法にしろ、単に表現方法を習得するだけではなく、正確に、適切に、効果的に運用する能力を持ち合わせなければならない。念のため付け加えておくと、ここでの「表現」は一方的な「表現」を意味するのではなく、表現のやりとりをも含めた意味合いで用いている。単に「コミュニケーション能力」と言えばよいのかもしれないが、昨今、あまりに表面的に、あまりに安易に使用されることが多いフレーズであるため、あえて避けた次第である。

さて、こうした知の獲得技術や方法はコンテクストに依存していないという意味で、汎用性がある。しかし、ではリベラル・アーツ教育は知識そのものは対象にしないかと言えば、それはもちろん否である。AALE も「意味のある豊かな知識の獲得」を項目のひとつに挙げている。いわゆるツールが働きかけるコンテンツそのものも対象であることは言うまでもない。絹川前学長は「『リベラル・アーツ』の具体的内容は、いわゆる専門学術(専門科目、学科目、disciplines、例えば、数学、物理学、哲学、経済学、等すべての伝統的学問分野)である」(2002、p. 5)と述べている。

偏った専門性に対する反動として出てきたリベラル・アーツであるが、このように、「専門知」、「専門学術」と対立するものでも、それを否定するものでも決してない。では、リベラル・アーツにおける専門学術の学習の意味は何であろうか。絹川氏は以下のように答えている。「ひとつの学問的思考様式(分析のみでなく統合を含む)を身につけ、専攻学問の知識探求の方法的基礎訓練により、学問との一体感を体験し、自分の能力に自信を持つこと、すなわち、知的世界における自己同一性を確立することである。そのような専門学習は職業選択が学習した専門と無関係であっても、意味をもつようなものである」(2002、p. 5)。

このようにリベラル・アーツ教育は専門性と対立するものではなく、知識の豊かな広がりと同時に専門の深さも探求する教育である。AALE も審査項目に「幅広く、深い学習」を掲げ、「深さ」は「ひとつ、ないしはそれ以上の主要な専門分野固有の学問探究方法を継続、発展させる」ことによって得られるとしている。専門分科をリベラル・アーツの枠組みの中にバランスよく取り込むことが、現代のリベラル・アーツ教育に必要とされていること

なのである。
　さて、今まで述べてきたことが「知」にまつわるリベラル・アーツ教育の考え方だとすれば、リベラル・アーツはまた「意」に関しても一言もの申すのである。それは個人に「欲する心」を要求する。もちろん、これは「知」を欲する心、「学問的探究心」である。AALE は、リベラル・アーツ教育は「大切な知識や技術を追い求める心（desire）を育成する」と謳っている。「知的好奇心」、「知的・思想的探究心（CURIOSITY）」（武田、2002、p. 193）、「生涯続く学問への愛着心」（Steele、2005）は物事を前へ、前へと持続して押し進める原動力になる。絹川前学長も、ICU は「知の領域の扉を、自ら開こうとする意志の持ち主に対して、その方法を会得するために、リベラル・アーツ教育は用意されている」（2002、p. 69）とはっきり述べている。こうした「意」の力が、単にひとときの興奮やはやりに終わらせず、持続可能性のある「知」を生み出すのである。

>3.2　解放性

　liberal の持つ意味、「自由」、「偏見のない」、「凝り固まっていない」、「開かれた心の」、「とらわれない」[4] などはいずれもリベラル・アーツの主要概念である。日本では数少ない教養学部を置く大学に複数箇所在籍され、教養教育にも大変造詣の深い ICU の村上教授（1999）は、「教養というのは、人間を自由にすることで、人間が教養を身につけるということは、ある一つの固定的な場所に落ちつけて閉じ込めてしまうのではなく、いろいろな方向に向かって可能性を広げて人間を作り上げていく。そういう自由を獲得することが教養の本来の意味だ」（p. 144）というドイツ語の「ビルドゥンク・マッハト・フライ」の考えを紹介している。自分の置かれた世界から解放され、そこから飛び立てば、人は「自分自身を対象化して捉える」（松澤、1999）ことができるのである。筆者はこれを「メタ的視点」の獲得と呼ぶが、それでは、どのようにしてこの視点に到達することができるのであろうか。
　到達への道筋はいくつもあろうが、その主要なものとして、「多元性」、「多様性」の経験を挙げることができるだろう。ICU の創設において「多

元的要素」は欠かせなかった（武田、2000）。卒業生が ICU のリベラル・アーツの学びで大切な点として繰り返し述べる「幅広い視野」、「複眼的にものごとをみる姿勢」、「多様な考え方」、「幅広い世界認識」、「多様性のある価値観」などはまさにこの点を指摘していると思われる。人は、自分と異なるものに接して初めて「自己認識能力」を培うことができ、個の確立をなし、自分を、そして自分を取り巻く世界を客体化することができるのである。

「メタ的視点」を獲得すれば、狭い世界からの捕われからも解放され、やがては開かれた心や柔軟性へと導かれることになる。リベラル・アーツ教育はこうした能力を育成する教育でもあるわけだ。よく言われるグローバルな視点、地球規模の考え方はこうした能力を持っていれば当然の結果として出てくる。

開放され、自由であることはまた「依存しないこと」、「自立性」へとつながる。リベラル・アーツ教育は「自分でものを考え、自分で判断し、自分で選択することのできる自主的で個性的な人間形成の大切さ」（武田、2000）を認識する教育でもある。ICU の現学部長、スティール教授は、個人の「autonomy（自律）」という側面が特に 21 世紀のリベラル・アーツ教育にとっては強調されるべきであると述べている（Steele、2005）。

>3.3 責任性

リベラル・アーツ教育は、確かに今まで述べてきたような能力を有する個人を育成することを目的とするが、もし個人がその培った能力を自分の中だけにとどめておくとすれば、その目的が達せられたとは決して言えない。それはリベラル・アーツ教育が絶えず、個人の、社会に対する責任、世界に対する責任、地球に対する責任を問う教育だからである。絹川前学長も（2002）「『リベラル・アーツ』教育は、世界に対して責任を負おうとする人間の、基礎的能力を養うことが目的である」（p. 6）と述べている。

このように「世界に対する責任」などと言われると、大それた、ちょっと尻込みをしたくなるような、しかも観念的な目標に感じられるかもしれない。しかし、これをもう少しシンプルに、卑近なものとしてとらえてもよいのではないだろうか。自分が培った能力を自分だけのものにせず、少しずつ

自分以外の世界へと押し広げて行くことはそう困難なことでもない。困難どころか、「メタ的視点」をはじめとして、今まで述べてきたような能力を有すると、自ずと自分の中だけにはとどめてはおけない衝動を人間は感じるはずである。これこそがリベラル・アーツの威力なのだ。

　先に少し触れたように、リベラル・アーツの語源は「自由人にふさわしい技芸」である。「自由人」とはその当時の支配層であるから善くも悪くも社会の担い手である。現代に住む我々は「市民」として民主主義社会を担っている。民主主義社会に生活する我々はひとりひとり市民としての責任を担っている。責任を負わずに生活することは許されない。とすれば、この責任という課題も実に身近な課題として迫ってくる。上に述べた、自分のものにだけはできない衝動と同じように、「責任感」もリベラル・アーツ教育を受けたものなら自ずと沸き上がる「情」ではなかろうか。

　「教養」の論議に頻繁にあらわれる「人間はいかに生きるべきか」、「人間らしく生きるとは」、「人間の基本的あり方に対する問い」などというテーマは大きすぎ、かつ非常に観念的であると感じる人もいるだろう。事実、哲学的問いである。しかし、これもリベラル・アーツ教育を受けたものならば、どんなに具体性を好み、のほほんと暮らす者でも、はたと、自主的に考えずにはいられないようになるのである。そうならざるを得ない状態になるのがリベラル・アーツの力である。こうした問いかけの過程で、これまた当然のように、「基本的人権の感覚」（岡野、2002）、や「秩序形成とか紛争解決のためのアート」（松澤、1999）も養成されることであろう。

　責任を感じるということはまた、倫理を考えることにも通じる。ICUの「一般教育」カリキュラムにも貢献された田坂教授（1999）は、専門教育は単独では「知の技法」になってしまう。それを「知の倫理」にするためにはリベラル・アーツが必要である。しかし、倫理だけを切り離して教えたのではダメで現実の問題を具体的に考えながら、その中で、倫理を活かさなければならないと述べている。

　ICUでは開学50周年にあたり、21世紀におけるリベラル・アーツ教育を考え、「行動するリベラル・アーツ」をテーマとして掲げた。これは獲得した知や技法を現実の問題の中でとらえ、社会で、世界で、地球で、責任あ

る市民として、実際の行動で表そうというスローガンである。ICUでは開学当初からすでに「労働と奉仕の体験」を謳い（武田、2000）、今でいうサービスラーニングの精神を重んじて来た。岡野前学部長（2002）は主張する。リベラル・アーツ教育では「知識または技能を、教育の唯一または究極の目標とは考えない。むしろ、知識、技能を用いる目的こそが最高の意義であるという認識に立つ」（p. 100）のである。

4. おわりに

リベラル・アーツは誤解を招きやすい。その様相は単一的ではなく、「極めて論争的」でさえある（絹川、1999、p. 9）。しかもダイナミックである（シェーパース、1999）。こうしたことを踏まえた上で、何とかICUの考えるリベラル・アーツ教育を捉えようと試みた。その概念のキーワードを列挙した感が否めないが、「一般性」の本来の姿、知、情、意に渡る「全人教育」の実態を示したつもりである。本章を、次章から始まるELPの記述を正しく把握するための基礎知識としてお読みいただければ、目的はかなったことになる。

注

1. この訳は『小学館ランダムハウス英和大辞典第二版』による。
2. 「 」で囲んだ文言は下に記す文献からとったが、一般性のある単語であることと、本書の性格から考えて、ひとつ、ひとつにその出典をつけることは避けた。以降も特別の場合を除き、同様である。
3. 原文の訳は以降もすべて筆者による。
4. これらの意味は『小学館ランダムハウス英和大辞典第二版』による。

参考文献

AALE Accreditation Committee. (2004, October 7). Standards and criteria for institutional accreditation and preaccreditation [Online]. Available: http://www.aale.org/standards_and_criteria-inst_2001.htm

Steele, W. (2005). ICU and the liberal arts. Unpublished manuscript.

アイグルハート、チャールズ（日本語共同訳編）（1990）『国際基督教大学創立史 ― 明日

への大学へのヴィジョン（1945年–63年）』国際基督教大学
阿部謹也（1997）『「教養」とは何か』講談社現代新書
岡野昌雄（1999）「座談会 ICU のリベラル・アーツ教育」松岡信之（編）『行動するリベラルアーツの素顔 — ICU のリベラルアーツ教育』国際基督教大学
岡野昌雄（2002）「第4章 ICU の一般教育理念」絹川正吉（編）（2002）『ICU〈リベラル・アーツ〉のすべて』東信堂
絹川正吉（1999）「ICU 教養学部への誤解を解く」松岡信之（編）『行動するリベラルアーツの素顔 — ICU のリベラルアーツ教育』国際基督教大学
絹川正吉（編）（2002）『ICU〈リベラル・アーツ〉のすべて』東信堂
絹川正吉（2002）「序章 ICU の〈リベラル・アーツ教育〉」絹川正吉（編）『ICU〈リベラル・アーツ〉のすべて』東信堂
絹川正吉（2002）「第2章3 リベラル・アーツを支える図書館、編者コメント」絹川正吉（編）『ICU〈リベラル・アーツ〉のすべて』東信堂
国際基督教大学（2005）『国際基督教大学学報』第14号、国際基督教大学
国際基督教大学（2005）『国際基督教大学学報』第15号、国際基督教大学
国際基督教大学（2005）『ICU 宗教音楽センター会報』第55号、国際基督教大学
国際基督教大学（2005）『国際基督教大学教養学部要覧』国際基督教大学
シェーパース、G.（1999）「ICU のリベラルアーツ教育の意味と実践」松岡信之（編）『行動するリベラルアーツの素顔 — ICU のリベラルアーツ教育』国際基督教大学
大学教育学会25年史編纂委員会（編）（2004）『あたらしい教養教育をめざして』東進堂
武田清子（2000）『未来をきり拓く大学 — 国際基督教大学五十年の理念と軌跡』国際基督教大学出版局
田坂興亜（1999）「座談会 ICU のリベラル・アーツ教育」松岡信之（編）『行動するリベラルアーツの素顔 — ICU のリベラルアーツ教育』国際基督教大学
松岡信之（編）（1999）『行動するリベラルアーツの素顔 — ICU のリベラルアーツ教育』国際基督教大学
松澤弘陽（1999）「座談会 ICU のリベラル・アーツ教育」松岡信之（編）『行動するリベラルアーツの素顔 — ICU のリベラルアーツ教育』国際基督教大学
村上陽一郎（1999）「私のリベラル・アーツ・カレッジ論 教養学部での学び」松岡信之（編）『行動するリベラルアーツの素顔 — ICU のリベラルアーツ教育』国際基督教大学

Chapter 2

ELP（英語教育プログラム）の目的

富山真知子

1. はじめに

　前章で ICU が目指す教育、すなわちリベラル・アーツ教育の中味を記した。これ以降はいよいよ ICU における英語教育、具体的には English Language Program（以降 ELP）の記述になる。この第 2 章ではまず、ELP が目指すものが何であるかを紹介するとともに、ICU における英語教育の歴史を振り返り、その目的が創立以来ゆるがぬものであることを見て行きたい。

2. 英語でリベラル・アーツ教育

　前章の最初で述べたように、ELP はリベラル・アーツ教育という大学の教育理念の枠組みの中で存在し、機能している。したがって、ELP の目標をはじめとして、具体的なカリキュラム、教材、組織、運営などすべてに渡って常にリベラル・アーツを念頭において形作られていることを強調しておきたい。

　さて、ELP の目的は何であるかという問いに対する答は実にシンプルである。それは英語でリベラル・アーツ教育を行うことである。英語教育のプログラムであるので、当然英語という言語の教育はする。しかし、単に英語を習得させるだけではない。英語を用いて[1]、リベラル・アーツ教育をするのである。従って、ELP は英語そのものの運用能力の訓練という面と、英

語という言語を通してリベラル・アーツに導かれるという面を同時に持ち合わせている。日英バイリンガル教育を謳い、リベラル・アーツ教育を謳うICUの根幹を担う重要な教育課程であることがおわかりいただけるだろう。

　もちろん、ICUのリベラル・アーツ教育は学部4年間を通じてさまざまな形で行われるものである。ELPは次章で述べるように主に1年次に集中して行われるので、リベラル・アーツへの導入教育としての役割を担っている。導入教育であるから、前章で述べたリベラル・アーツの全ての要素を一挙に身に付けるということではもちろんない。当然、「豊かな知識」や「専門知」は後に委ねられる。そこで、ELPでは特に「知の獲得技術」、すなわち前章で述べた「思考」にまつわる知的活動能力と「自己表現能力」の育成が重点的になされる。さらにそのプロセスにおいて、「学問的探究心」や「自律性」などの学問へ向かう姿勢や「意」の部分も育んで行こうとするものである。多様性の受容の第1段階である異文化理解やその他数あるリベラル・アーツの要素(前章参照)の芽生えももちろん期待される。

　ところで、入学したての時期から母語ではなく、第2言語である英語でリベラル・アーツを始める意味は大きい。リベラル・アーツにおいて、「メタ的視点」を獲得することは重要であり、そのための手段として、多様性に触れる、自分とは異なった見方に遭遇するということがあるとは前章で述べた通りである。今まで慣れ親しんできた母語という言語を離れ、異なる言語、英語にシフトするということは、言語は個において強烈なインパクトを持つことからしても、相当な意味を持つと考えられる。

　言わずもがなであるが、ELPは大学での英語教育の実践である。しかも、リベラル・アーツ教育を実践する大学において、である。したがって、ELPは、英語教育理論の用語を使えば、English for Academic Purposes（略してEAP）である。アカデミックな英語の習得を目標とするのである。もちろん、それぞれの大学の英語教育の目的によっては、「パーティでの英会話」や「観光旅行の英語」などを目指すのも可能性としてはあるだろう。しかしながら、リベラル・アーツを目指すICUではELPは当然EAPである。

3. 基礎的学問能力[2]

　上に導入教育としての役割を担う ELP の特徴として、リベラル・アーツの要素のうち、「思考」に関する知的活動能力、「自己表現能力」、「学問的探究心」、「自律性」などの育成を目的としていると書いた。こうした能力や姿勢、特性を包括的に表す表現として、今後は「基礎的学問能力」ということばを用いることにする。前章ではリベラル・アーツ教育全体の中で、こうした能力に言及したが、ここではもう少し具体的に、ELP の枠組みの中で考えられていることを記して行くことにする。

　「基礎的」としたのは、他にも学問をする上で必要とされる能力はあろうが、導入教育として基本的に必ずおさえておいて欲しい能力という意味からである。また「学問」とあるが、これは前章で述べたように、専門性だけを追求する、個人の中だけにとどまる、いわゆる象牙の塔の学問のような狭い学問だけを意味するのではなく、「人間らしく、共に生きる」ことを考えたり、世界や地球に対する責任を考えたり、知を用いる体験や行動をも含めた広い意味での学問をさす。「能力」に関しては「スキル」と言い換えてもよさそうだが、そのスキルをマスターしてこそ能力となるであろうことを考え、また姿勢や特性、「意」や「情」も能力のうちと考え、これをあてた次第である。

　それでは、用語が決定したところで、この基礎的学問能力の中味を具体的に見て行くことにする。

>3.1　正確な理解能力

　考えるということは学問の基本作業であると同時に、「読む」、「聴く」、「書く」、「話す」ということの基盤である。ただ、読んだり聴いたりすることによって考え、書いたり話したりすることによってさらに思索が深まるという循環がある。思考と技能は循環しており、相互に影響し合い、各作業と同時進行している。しかし、ここでは便宜上、情報の受け止め（理解）という観点から基礎的学問能力の考察をスタートしてみよう。

　情報を受け止めるということはとりもなおさず、「読む」、「聴く」という

ことである。ただ、アカデミックなコンテクストで言うと「読む」という側面に重きが置かれるのは否めない。それはやはり、視覚モードが、聴覚モードに比べ、情報摂取の点で非常に効率的であり、永続性があるという特徴などに起因していると思われる。古来「読むという形態での教養形成の様式」(大学教育学会 25 年史編纂委員会、2004)が確立されて来た。「聴く」ということを決して軽んじるわけではない。ELP は「聴く」ももちろん重視している(第 4 章参照)。しかし、視覚、聴覚両モードを含めた「情報の受信」というのも長いし、固いし、本書にふさわしくない。そこで、ここでは「聴く」をも代表して「読む」で通すことにする。

アカデミックな「読み」をする場合にぜひ必要な、重要な点は、まず正確に理解するということである。誤って理解したりしたのではこれに続く、あるいは同時進行するプロセスが総倒れになる。過不足のない、あるがままの理解、つまり正確な理解が土台になる。ではどのような能力がそれを支えるのであろうか。

もちろん「言語力」がまずなければ話にならない。ELP においては英語力である。昨今、日本の英語教育で軽視される文法の力[3]は正確な「読み」に偉大な威力を発揮するであろう。逆にこの力のない者に正確な「読み」など期待できない。適当に意味を汲み取るのが目標なら必要ないかもしれないが、我々が考えるのは学問をする上での「読み」である。

内容を自分のことばで言い換えられるかどうか(パラフレーズ)を試してみると自分の理解の度合がわかる。(当然、この言い換えも文法力がなければお手上げだろう。)何が主要なポイントであるかを押さえ、それをまとめて要約してみるというのも理解力が鍛えられる作業だ。文で要約して見る前に主要な概念やその関連などを図式化して表してみる (mapping) などの手法も正確な理解に役立つだろう。こうしたさまざまなスキル(より具体的には第 4 章〜第 10 章を参照)に支えられて、正確な「読み」の能力が培われる。

あるがままの正確な情報の受け止めということは客観的な理解に通じる。次項の「批判的思考能力」でも触れるが、客観的な理解を支えるいくつかの姿勢やスキルがある。例えば、読みつつも浮かぶさまざまな「情」や「判断」などを一時「棚上げ」(suspend)する態度、読者である自分の持つバ

イアスを認識すること、著者が述べる事実とその意見や所信を区別すること、著者のスタイルやトーンを見極めること、著者が前提としていることを発見することなど(具体的には第5章〜第6章他参照)はいずれも訓練によって習得できる技術的なものである。

>3.2 批判的思考能力

情報の正確な理解が土台としてあったら、次は「批判的思考」に進める。この「批判的思考」とは英語の critical thinking をあてたものである。現在では、これは日本語でも「クリティカル・シンキング」などとカタカナ標記されたり、その「クリティカル・シンキング」に関する一般書も出版されるようになった。また日本英語教育学会（JACET）にも critical thinking 研究会ができ活動を行っている。さらに、ネットで検索すれば、いろいろな大学のいろいろな分野で「批判的思考」を扱う講座が開講されていることも判明する。しかし、この critical という語、またその訳の批判的という語は、解説なしに書き進めるには、まだ懸念が多少残るので、まずその確認からはじめ、critical thinking という広義の概念および狭義の概念、つまり具体的な基礎的学問能力に触れておきたい。

critical の語源はギリシャ語の「分析する」、「見分ける」という意味だそうである（Fowler & Aaron、1998）。したがって、通常思い起こされる否定的な評価という意味合いを持って critical thinking をとらえるのは誤りである。「鵜呑みにしない」思考能力とでもいうのが適切かもしれない。したがって、吟味の結果、否定どころか、肯定してもそれはもちろん critical thinking になるのである。

この「吟味」の詳細はすぐに記すことにするが、critical thinking の広義の概念としてはリベラル・アーツに通じる。長いので引用はしないが、American Philosophical Association（1990）の定義を読むと、驚くほど、前章で書いたリベラル・アーツ教育の様相と一致する。critical thinking の概念をもう少し狭めて、この章で定義した「基礎的学問能力」の意味で用いる場合もある。だが、ここではさらに狭めて「吟味」の中味を見て行くことにしよう。

「批判的思考」のプロセスでは「分析」、「統合」、「解釈」、「評価」の作業があるとされる（Fowler & Aaron、1999 他）。もちろん「分析」を広い意味にとらえて前項の「正確な理解」、そして「統合」や「解釈」をも含めることもできるし、「解釈」を「理解」ととらえることもできるだろう。しかしここでは「分析」をばらばらにする、「統合」をまとめる、関連づけるという作業ととらえる。「分析」が木や葉っぱを見る操作で、「統合」は森を見る、引いて見る操作である。繰り返すが、この引いて見るという操作は「関連づけ」なしには成し得ない。「解釈」は、できるだけあるがままに受け止めた情報を、今度は自分を通してみるとどうなるかという「創造力」や「想像力」の入り込む場を考えている。こうした操作を通して判断、主張、意見、説という意味も含めた広い意味での「評価」へと行き着く。

さて、学問の場では、個人個人が、学問的能力を駆使して行き着いた「評価」を提示し、それを人はどう「評価」するか、そしてそれを受けた上でさらにどのように発展させて行くかというプロセス、つまり「議論」（argumentation）が中心になる。このサイクルのもとにこの章の基礎的学問能力の記述を構成したわけだが、ここに「批判的思考能力」の必要性が鮮明にでてくる。「批判的思考」はすなわち「吟味」のプロセスでもある。

「吟味」の前段階は「正確な理解」ということで、「批判的思考能力」はそれ自体で独立したものでは決してない。筆者が何を主張しているかを正確に理解したら、次はその主張を支える証拠(根拠)を吟味する。主に第 4 章～第 6 章で具体的な説明があるが、証拠の種類、証拠の出し方、証拠の使い方、証拠の信ぴょう性、証拠の量など、さまざまな角度から証拠を吟味する。（ちなみに筆者は、p. 14 において、American Philosophical Association の定義をいわば「証拠」として引いたが、この章の読者としては、はたしてそれが妥当なことであるかを吟味する必要がある。）

議論の運び方にも注意を向けなければならない。因果関係と前後関係を混同していないか、仮説を覆すような反証はみつからないか、「人身攻撃論法」、「二分法論法」、「分配の過ち」、「red herring」などとネーミングされるような誤った論法に陥ってはいないかなどの吟味である。論理を確かめる行為もまた批判的思考の重要な要素である。

この他にも前項で述べたような、筆者の側が事実と意見や所信を混同していないか、どのような前提に立って書かれているか、どのようなトーンで書かれているか、いわば筆者の立ち位置とでもいうべきものを確認、発見する作業も吟味のうちである。さらに、これをもう少し広くとらえ、筆者を含めたコンテクスト、つまり、時代背景であるとか、思想背景だとかを認識するというのもまた吟味の作業である。

このように「批判的思考」のプロセスは前述したような、広い意味での「評価」をそのまま受け入れず、一旦棚上げして、吟味するプロセスである。吟味し終わったら、もちろん最終的な自分なりの「評価」をくだす責任があるのは言うまでもない。

>3.3 学問探究能力

前章でリベラル・アーツは個人に知を欲する心、すなわち学問的探究心を要求すると書いた。そうした態度的なことも含め、基礎的学問能力のひとつとして学問探究能力を挙げておきたい。追い求める心をも含めるとすると「探求」能力でもあるわけだが、ここでは便宜上「探究」で通すことにする。

一旦学問の場に身を置いたなら、すなわち大学生の身分を得たなら、レベル、規模の相違こそあれ、彼らは教授陣同様、主体的に問題を発見し、設定し、解決への探究を始めなければならない。前項に述べた「吟味」や「評価」のみの段階で終わることは許されない。リベラル・アーツ教育における責任性は前章で述べた通りであるが、何事であれ、成果を自分の内にとどめておくのでは社会への、世界への、地球への責任を果たしたことにはならない。「吟味」をした上で「評価」し「議論」へ参加しなければならないのである。

さて、この学問探究能力にはたくさんの能力が含まれている。問題発見と一言で言ってもそれには、多くの事柄から必要なものを取捨選択したり、現在までの問題の履歴を当たったり、これから問題追求をするに値するかを検討したり、と数限りなく作業はあるだろう。問題設定にしても、現在の自分の能力、置かれた立場などを考慮していかに研究課題を立てるかなどを含めこれもまた多くの課題が待ち構える。設定した問題から解答や解決策を導く

ためには研究手法を含め、ありとあらゆる学問的能力を駆使しなければならないだろう。もちろん、正確な理解能力や批判的思考能力は大いにその土台として力を発揮するであろうが、ここでは個人の創造力や独創性といったものが試されることにもなる。

　さて、学問探究能力には「自主性」が前提としてある。人から命ぜられたからではなく、自らが追い求める心に従って行うわけである。前章で述べたように、リベラル・アーツ教育を享受すると、最終的には自主的にそうせざるを得ない心持ちになるわけで、その境地に達するのが理想である。しかしながら、それは急に現れるものではなく、現実的には、あるコースの課題として出されたり、特に ELP においては、将来の本格的研究のシミュレーションとして各コースでこれを助長するような課題が与えられるわけである（次章からの具体的記述参照）。

　こうした自主的な研究探究心はある程度の期間をかけて育まれるのを待たなければならないが、自律して知識を探究する具体的なスキル、すなわちリサーチ・スキルは早くから訓練が可能であるし、その必要がある。それは例えば、図書館の利用法などを含めたマルチメディアを駆使した情報検索の仕方や、得た情報の整理、統合の仕方、といった具体的なスキルが挙げられる。特に今注目すべきは膨大なオンライン情報の存在である。過去においてはいかにたくさんの多様な情報を得るかが課題であったのに対し、現代はいかにたくさんの情報から質のよいものを取捨選択していくかという能力が問われるようになった。過去においては、紙媒体として我々の前に登場したものは、ある程度の時間をかけ、幾人もの目を通した末のものであった。印刷され、発行された時点で、すでに識者によるかなりの取捨選択が行われていたのである。しかしながら、なんでもありのオンライン情報においては善くも悪くも手に取る情報はふるいにかけられていない。この点を考える時、先に挙げた批判的思考能力は現代においてさらにその重要性を増したと痛感するのである。

　この他にももっと具体的なスタディー・スキルやストラテジーの訓練も可能である。詳細は第8章の Academic Learning Strategies の項を参照されたいが、ここで言うのは時間管理、学習スタイル、学習態度、この章で

述べた基礎的学問能力、学問倫理、辞書の使い方、試験の受け方などをも含む、自己管理から具体的な勉強の仕方に至るまで、「自分」及び「勉強」をメタ的視点でとらえることを促す訓練である。伝統的に日本では、こうしたストラテジーに関する訓練は大学などという高等教育の場にはふさわしくないという考え方があった。もちろん、現在もそう考える大学人もいることだろう。事実これらのスキルをすでに習得し、駆使している学生もいる。しかし、改めてそれらを意識化させること、自分が今まで試みたことのないストラテジーを知り、それらを試してみること、受験という視点ではなく、リベラル・アーツ教育の枠組みの中でとらえ直すこと、大学生としてどのような学問的振る舞いが求められているかを考えるなどということは、単に言語教育ではなく、導入教育の役割をも果たすELPとしては必要なことである。もちろん、外国語教育においてもストラテジートレーニングは注目を浴び、研究成果が発表されていることはご承知の通りである(例えば、Chamot & O'Malley、1987、Oxford、1990、竹内、2003、大学英語教育学会学習ストラテジー研究会編、2005など)。

　こうした学問に対する心や態度、具体的な技術を備えて学生は自律性を確立し、学問探究能力を徐々に身に付けて行くことになる。

>3.4　自己表現能力

　何度も繰り返すように、リベラル・アーツ教育においては、個々の社会や世界、地球への責任が絶えず問われている。従って、獲得した「知」の結果やその「知」を受け止めた個人の「その後」が問われることになる。すなわち、自分の「アイディア」を発表し、評価を受け、議論に参加しなければならない。さらにその評価を再び正確に理解して受け止め、分析し、統合し、解釈し、評価し、評価を受けることによって「知」の循環が成立する。この「アイディア」とは、規模が大きく、期間的に長いスパンの研究発表というレベルもあれば、宿題として課されたリーディングのトピックに関するディスカッションに参加する際の意見という形まで、多種多様である。いずれにしても、個人の頭にある「アイディア」を他者に理解が可能になる形にして出してやらなければ責任を全うしたことにはならない。

さて、ここで必要になるのは表現能力ということである。学問の場では「書く」も「話す」もどちらも重要な表現手段である。もちろん自己表現手段は言語のみに限られるわけではないが、アカデミックな場においては特に「書く」、「話す」がその重要な部分であり、有効な手段であることは誰もが認めるだろう。

　その際、大切な点は上に述べた「他者に理解が可能になる形にして」ということである。他者の視点に立てないと、自分のみが理解しているひとりよがりの表現になる。先に述べた「メタ的視点」が獲得されていれば他者の視点に立つことも容易になるであろう。自分が表現する相手はどのような背景を持ち、どのようなことを期待しているであろうか。また、どのような反応が予測されるだろうか。自分とその表現相手を取り囲む表現のコンテクストはどのようなものであろうか。自分に与えられている時間や紙幅はどのくらいのものなのか。自分のアイディアをその相手に正確に理解してもらうためには、どのような順序で、どのような道筋を通って、どのような証拠をそろえ、どのような表現方法を取ればよいであろうか。

　さらには、「話す」のか「書く」のか、表現モードの違いも基本的な問題である。「話す」、「書く」にはそれぞれのモードによる長所、短所がある。その特徴を最大限に活かす表現方法を用いなければ正確に伝えることはむずかしい。

　あらためて、表現の言語は何であるかを問うことも必要だ。ELPではもちろん英語による表現を訓練するので、表現相手は英語話者を想定する。書く場合であれば英語学術論文というジャンルに特有な構成、形式、展開法など、いわゆるレトリックにも熟知していなければ相手に正確に理解してもらうことはできない。

　このように「他者に正確に理解が可能になる形」にするための知識やスキルは数多くある。しかし、これらはいずれも訓練が可能であり、逆に訓練されなければ、たとえ母語であっても相手に正確にアイディアを発信することはままならない。

> ### 3.5 問題解決能力

　さて、ここまでは基礎的学問能力の詳細を、ある程度学問のプロセスの順に沿って記述して来た。ここではその順とは関係なく、また他の能力と重複するかもしれないが、あらためて問題解決能力ということを取り上げたい。

　学問をする上で解決すべきことがらは多岐に渡る。先に述べたように、研究課題を立て、それに対する解答を導くのも問題解決能力ではある。しかし、そればかりではない。問題を課題、タスク、しなければならないこととしてとらえるなら、我々は日々問題を解決すべく行動しているといえる。5分しか自分のアイディアを表現する時間が与えられていないのに、言いたいことは山ほどある、さてどうするか。自分では満足行く例証をそろえたつもりであるのに、先生からまだ不足だと言われた。不満であるし、もうやる気がでない。さて、どうするか。自分では理想的な実験計画が立てられたと思ったのに、期待していた被験者が集まらない。計画を変更するには時間がない。どうしよう。明日提出のエッセイを書きあげたのにプリンターが故障した。どうしたらこのピンチを切り抜けられるか、などなど、高等で抽象的な問題から、日常的で具体的な問題まで学生は問題に直面することばかりである。しかしながら、問題が生じるのが常であるととらえ、それを意識し、実際のエクササイズとして積極的に問題に取り組む姿勢こそが学問をする上で重要な能力を育成することになる。問題が起きた時にそれから逃げることなく、立ち向かい、たとえ、失敗に終わろうとも解決しようと努力したその姿勢は自分の自信になり、将来の問題解決のヒントになるであろう。「行動するリベラル・アーツ」を標榜する ICU においては、こうした卑近な問題を早くから ELP などで体験することによって、柔軟に問題解決にあたることのできる能力が育成がされるのかもしれない。

4. ICU における英語教育の歴史

　ICU は 2003 年に開学 50 周年を迎えたが、ここで、簡単に ICU における英語教育の変遷を辿ってみたい。本章においてそれをとりあげるのはとりもなおさず ICU における英語教育の目的が全く変わっていないことを

見るためである。

　もちろん、具体的な教授法やカリキュラムは外国語教育の理論的背景となる言語学や心理学の変遷、さらには学生の様相やニーズに合わせて変化を遂げて来た。しかしながら、英語を通してリベラル・アーツ教育の基礎を築くという目的は開学以来変わっていない。

　それを踏まえた上で、教授法やカリキュラムの変遷を概観してみよう。開学当初は、本学に在籍していた教授、マッケンジー氏の言語心理学に基盤を置いていた。当時の資料[4]を見ると驚くほど時代を先取りした理論が展開されていたことがわかる。言語学、心理学、そして神経学的な見地から言語学習をとらえており、今でこそ、TESOL という学際的学問分野が確立されているが、当時からこうした見識に支えられて英語教育が実施されていたことは特筆に値する。指導テクニックとしては特に目立った特徴はないものの、教材内容はアカデミックなものであり、「意味」の受信、発信を重視しており、その点においても、非常に先駆的である。同時に ICU の英語教育はリベラル・アーツ教育を享受するためのものであることも主張されており、その目的は開学当初から変化のないことが裏付けられる。

　1960 年からは、その後改訂を重ねながら 20 年以上続くことになるフレッシュマン英語プログラム（Freshman English Program、略して FEP）がスタートする。60 年代初めと言えば、行動主義心理学、構造主義言語学がいまだ華やかなりし時代である。それらを理論的基盤とした、いわゆるオーディオ・リンガル・メソッド（Audiolingual Method）が ICU でも取り入れられた。テープレコーダーなどの機器の発達もオーディオ・リンガル・メソッドの普及に貢献があったとされるが、ICU にも当時まだ開発間もないソニーの機材が設置された LL 教室ができ、パターン・プラクティス（Pattern Practice）を始めとするオーディオ・リンガル・メソッドのテクニックを駆使した授業が行われた。

　ただ、注目したいのは、やはりリベラル・アーツにおける、アカデミックなコンテクストにおける英語教育という意識は決して忘れられてはいないという点である。その証拠に、オーディオ・リンガル・メソッドは日本ではオーラル・アプローチとして知られている（田崎編、1995）ように、本来

口頭でのスキルの訓練が中心になるが、ICU においては、リーディングにも大変な重きが置かれていたということがあげられる。McCagg (1991) によると平均して1週間半で2冊のリーディングが課されていた。しかもそれらは本の抜粋や2、3の章を読むということではなく、例えば、The Great Gatsby や The Old Man and The Sea などのようにかなりの量のある文学書丸一冊であった。

　80年代になると、バックボーンとなる学問領域の理論的変遷に伴ってFEP も変化を見る。言語学では変形生成文法、心理学では認知心理学という具合に、パラダイムシフトがなされたわけであるが、FEP においても今までのパターン・プラクティスは Structure Drill と名を変え、変形文法も取り入れた授業が行われた(マッキャグ、2002)。

　FEP が ELP となったのは1987年のことであるが、大きくとらえれば、Communicative Approach への移行ということができるであろう。しかし、その芽生えは70年代の後半にすでにみられる。第3章に述べるようにELP の教授法上の特徴は内容中心アプローチ(Content-based Approach)という点と統合的アプローチ(Integrated Approach)という点にあるが、78年にはひとつのテーマ(内容)を中心に科目間の統合がはかられ、リーディングの量を減らす代わりに内容を吟味し、授業で討議するなどスキルの統合もはかるということが実行されている(マッキャグ、2002)。

　FEP から ELP への改革の直接的きっかけは1980年に設置された語学教育調査検討委員会の答申による(マッキャグ、2002)。その答申には改革に向けて3つ原則が記された。ひとつには、今まで1年次に集中していたプログラムを2年次にまで広げる傾斜化、二つ目として、異なる背景や能力を持つ学生のニーズに対応する多様化、三つ目に教養学部との連携を密にする総合化である。これらの原則のもとに、ELP のカリキュラムその他が決定されたわけである。次章から ELP の実際が記述されて行くわけであるが、1年次のカリキュラムに加え、2年次のそれがあること、習熟度別プログラムであること、プログラム移動が行われること、ELP 履修後も卒業までに英語で開講される一般教育、専門科目を一定単位数以上履修すること、海外英語研修プログラムの存在など、現在の ICU の英語教育はこの

原則を骨格として形成されている。

さて、ELP となって後もプログラムは絶えず自己評価をし、外部評価も受け(第12章参照)、前進を続けている。2000年度から実施された、カリキュラム変更(詳細は守屋、富山、2000)もそのあらわれのひとつである。

簡単にではあるが、主に教授法という観点から ICU における英語教育の歴史を辿ってみた。こうして概観すると、ICU のそれはその時代の外国語教育における最先端の理論をリベラル・アーツ教育というコンテクストで取り入れ、実施して来たことがわかる。これからも時代の要請や学生のニーズに合わせて絶えず具体的変遷を続けるであろうが、リベラル・アーツ教育の土台を英語で築くという目的は変わることはない。

5. おわりに

当たり前のことであるが、教育プログラムはその目的のもとに形成される。すなわち、その目的が明確でないと、そもそもプログラムを作るということは不可能である。このような考えに立ち、ELP の具体的記述に入る前に、ELP の概念的目的及び具体的目的を本章で記しておいた。

「基礎的学問能力」と銘打った学問をする上での基本的能力をなるべく具体的に5つ挙げたが、これらはもちろん重複する部分もあり、別の名で呼ぶことも可能であろう。また、必要とされる能力は他にもあることだろう。しかしながら、ELP で考えるおおよその基礎的学問能力をイメージしていただけたかとも思う。

ICU の実施してきた英語教育の歴史を含め、いかなる部分を取り上げても「すべての ELP の道はリベラル・アーツに通じて」いる。

注

1. ICU のバイリンガル教育の原則にのっとり、ELP の他に日本語を用いてリベラル・アーツ教育を行う Japanese Language Program がある。
2. この項の執筆にあたっては吉岡(2002)、特に pp. 11～17 に学び、触発されて記述している。もちろん、本項の記述は筆者の解釈であり、誤りがあるとすればそれはすべて筆者によるものである。

3. ここでは意識されていない文法の力も含める。
4. 吉岡元子名誉教授に資料の提供をいただいた。この資料にはマッケンジー教授の大学院の講義資料及び 1954 年発行、マッケンジー教授監修の教材などがある。

参考文献

American Philosophical Association. (1990). *Delphi report — Executive summary*.

Chamot, A.U., & O'Malley, J.M. (1987). The cognitive academic language learning approach: A bridge to the mainstream. *TESOL Quarterly, 21*, 227–251.

Fowler, H.M., & Aaron, J.E. (1998). *The little, brown handbook* (8th ed.). New York: Addison-Wesley Educational Publishers.

McCagg, P. (1991, October). A brief history of the FEP/ELP since 1970. Paper presented at the ELP Retreat.

McKenzie, A.P. (1954). *Standard modern language courses — English (Oral expression)*. Tokyo: International Christian University.

Oxford, R. (1990). *Language learning strategies*. Boston, MA: Heinle & Heinle.

大学英語教育学会学習ストラテジー研究会(編)(2005)『言語学習と学習ストラテジー——自律学習に向けた応用言語学からのアプローチ』リーベル出版

大学教育学会 25 年史編纂委員会(編)(2004)『あたらしい教養教育をめざして』東進堂

竹内理(2003)『より良い外国語学習法を求めて——外国語学習成功者の研究』松柏社

田崎清忠編(1995)『現代英語教授法総覧』大修館

マッキャグ、ピーター(2002)『国際基督教大学学報』第 5 号、国際基督教大学

守屋靖代、富山真知子(2000)「国際基督教大学英語教育プログラムにおけるカリキュラム改革」第 39 回 JACET 全国大会, 沖縄国際大学

吉岡元子(2002)「第 1 章 英語でリベラル・アーツ」絹川正吉(編)『ICU〈リベラル・アーツ〉のすべて』東信堂

Chapter 3

ELP の概要[1]

深尾暁子
渡辺敦子

1. はじめに

　ICU の英語教育プログラム（ELP）が、単に外国語としての英語・国際語としての英語を習得させるために立案、実施されているものではないということは、前章までで詳しく述べた。そこで、本章では、その ELP の概要を、実際に即して説明することとする。言うまでもなく、英語を母語としない学生を対象として、リベラル・アーツ教育の基礎を英語で築くという目的を掲げる ELP の運用には、語学教育一般とは別種のさまざまな構造的困難がある。それらは、乗り越えられた問題点と乗り越えるべき問題点として、第 6 章で詳述される。本章で試みる概説にいくつかの図、表等を用いるのは、第 4 章「ELP のカリキュラム」と合わせて、読者を〈ELP の現場〉に導くためである。そこでは常に、英語を学ぶことによって基礎的学問能力を高め、リベラル・アーツを培うという ICU の教育理念が、学ぶ者(学生たち)と教え導く者(教授陣)との間に働いていることに留意して欲しい。

2. 学生の実態

　「ICU の卒業生は英語ができる」という評価をよく耳にする。一般的には、英語運用能力が高いの謂であり、学生を指導する立場にある我々としてもうれしいことであるが、前章で述べた通り、ELP の目的は、そこにとど

まるものではない。リベラル・アーツ教育という大学理念の中で、学生たちがどのように ELP と向かいあっているか、その実態を以下にとらえてみたい。

>2.1 ELP の履修対象学生

ICU には 4 月入学生と 9 月入学生がおり、後者が海外で教育を受けてきた帰国生であるのに対し、前者は、その多くが日本の教育環境で育ってきた学生である。ELP 履修の対象となるのは前者で、毎年約 600 人程度である。図 1 に示したプロセスを経て 1 年次のプログラム履修が始まる。

プレイスメント・テストは入学式の翌日に実施される。このテストには 2005 年現在 TOEFL-ITP[2] を使用している。TOEFL の正式名称は Test Of English as a Foreign Language で、英語を母語としない学習者の英語運用能力を (1) 聴解力、(2) 文法と英語表現知識、(3) 読解力の 3 つの側面から測るテストである[3]。英語の能力を測るテストには一般に実用英語技能検定や TOEIC (Test Of English for International Communication)

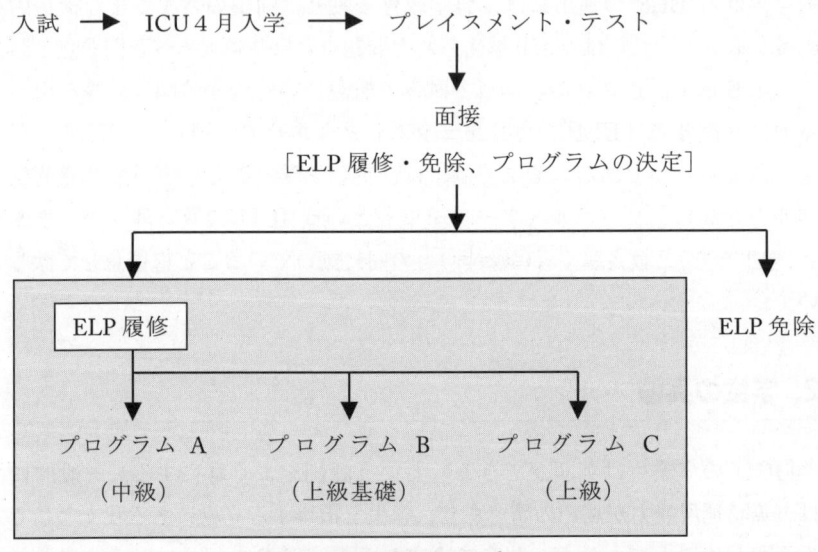

```
入試 → ICU 4 月入学 → プレイスメント・テスト
                                    ↓
                                   面接
                          [ELP 履修・免除、プログラムの決定]
                                    ↓
┌─────────────────────────────────────┐
│  ELP 履修                              │  ELP 免除
│    ↓         ↓         ↓            │
│ プログラム A  プログラム B  プログラム C │
│  (中級)     (上級基礎)    (上級)      │
└─────────────────────────────────────┘
```

図 1　ELP 履修までのプロセス

などもあるが、ELP では TOEFL を採用している。その主な理由は、北米を中心とする英語圏で英語を母語としない学生が大学への入学を希望する際、授業に必要とされる英語力[4]の有無を判断する基準としてこのテストが使われている点にある。

　ELP 履修対象の学生の英語力は、入学試験の英語の成績とプレイスメント・テストのスコアに加え、個々の学生のそれまでの言語的バックグラウンドや ELP 担当教員との英語での面接等により総合的に判断される。ELP 免除の学生はそのまま ICU での学びに入るが、その数は少なく、4 月入学生の 2% 未満である。つまり、大半の 4 月入学生が入学時点で身につけている英語力では、リベラル・アーツ教育を十全に受けるための基礎能力が不十分と判断され、ELP の履修を課せられることになる。また海外で教育を受け、高い英語技能を有する学生[5]であっても、特に論文作成の基礎訓練を受けていない場合は、学術活動を行うための英語力が不十分だと判断されるケースがほとんどである。仮に 4 月入学生を 600 名とすると、そのうち ELP 免除の学生は 10 名程度で、プログラム A（中級）と B（上級基礎）をそれぞれ約 230〜250 名、プログラム C（上級）を約 110 名が履修を課せられることになる。プログラムの詳しい説明は後に譲るが、ここでは、各プログラムで履修科目、期間、授業時間数などを独自に設定していることだけを付記しておく。

>2.2　履修学生の英語力

　表 1 は、2002 年から 2005 年の間に ICU に入学した時点での 4 月入学生の英語力を TOEFL スコアで表したものである。

　最高点を見ると確かに「英語ができる学生」がいるのがわかるが、4 月入

	2002 年	2003 年	2004 年	2005 年
最高点	677	660	667	653
最低点	350	363	360	367
平均点	504	498	495	511

表1　ICU 入学時の学生の英語力（TOEFL-ITP のスコアによる）

学時点でのTOEFL高得点者の多くはELPの履修が免除される帰国生である。ちなみに過去5年（2001～2005年）のELP履修学生のプレイスメント・テストの平均スコアは、プログラムA（中級）が456点、プログラムB（上級基礎）は511点である。TOEFL受験の日本人全体の平均スコアが約490点という統計[6]と比較すると、ICUに入学してくる学生の多くは、日本人平均以上の英語能力を身につけていることが見てとれる。しかしながら、アメリカで大学学部への入学条件にTOEFL最低500点が求められていることを考えると、ICUに入学してくる学生が、ずば抜けて高い英語力を身につけているという一般認識は実態を正しくとらえていないと言える。そしてここに、ICUが入学後の学生に課すELP履修の重要性が証されていると言うことができる。

3. 履修学生の意識

ELP履修の学生は総じて英語学習に対する意識が高い。しかしそれはある一面のとらえ方であり、入学の前後に大きな断層があることはあまり深く分析されていない。学生たちがいつどのようにして、リベラル・アーツ教育の枠組みの中でELP履修に主体的に目覚めるのか、そのことをELPに対する姿勢の変化としてとらえてみよう。

>3.1　入学以前

Hayashi & Watanabe-Kim（2003）が行ったICU生の言語的バックグラウンドの研究では、多くの学生が中学校以前、早い者では幼少時期からなんらかの形の英語教育を受け、「話す」能力や「聴く」能力を高める訓練を受けている、という特徴が報告されている。また英語を母語とする人々や豊富な学習教材に触れ、さらには海外旅行や短期留学経験などから「活きた英語、実践的コミュニケーション」を体験しており、彼らの多くは英語のコミュニケーション技能を伸ばすことに強い関心がある、という特徴があることにも言及している。

ICU受験の理由として英語の必要性、あるいは英語力の向上をあげる学

生が多いのも特徴的と言える。「将来どのような進路を選んだとしても必要なスキルである英語を最も効果的に学べる」（国際基督教大学、2003、p. 25）と言う学生や、「国際貢献」や「海外留学」といった、世界的視野に基づいた将来の具体的な目標を抱いている学生は毎年多く見られる。すなわち「英語が好き」「英語が得意」にとどまらず、「英語は将来必ず役に立つ」「さらに英語力を高めたい」と学習への高い動機をもって ICU に入学してくる。その学生たちが最初に出会う授業が ELP なのである。

> ## 3.2　入学後

　ELP で学び始めた学生は、すぐ、ELP での学習が今までの蓄積や勉強方法以外の何かを要求していることに気づく。英語を母語とする教員はもちろんのこと、日本人教員にも、ELP 第 1 週目に "This class will be taught in English only." と宣言され、教室では学生も英語のみで参加することを求められる。加えて、授業中にはそれまでに慣れ親しんだ文法の説明や逐語訳などではなく "What do you think is the author's main point?" "Do you agree with the writer's idea about education? Why?" といった質問が飛んでくる授業が展開することになる。多くの学生にとってこれはまさにカルチャーショック以外の何ものでもない。「授業が全部英語というのは新鮮でしたが、先生の英語が聞き取れないから何をしていいのかわからなくて、1ヵ月くらい大変でした」（国際基督教大学、2004、p. 12）という学生の発言に代表されるように、日本の高等学校までの英語の授業とは全く異質な ELP の授業に多くの学生がとまどいを覚えるのだ。また入学時にある程度のコミュニケーション能力を身につけている学生たちでさえ、クラスメートの流暢な英語に圧倒され、それまでの自信が揺らいでしまうという経験をすることもある。

　しかし、「大変な」ELP の授業にただ圧倒されるのではなく、その困難を楽しみ、また必要とされる努力をいとわないのもまた ELP 履修生である。自ら質問し、討論に参加し、自分の意見を述べ、他の学生の意見から学ぶことで授業に参加して行くという授業形式に学生は順応し、主体的に学ぶ姿勢を身につけて行く。「最初の 1 週間は口を開くのも恐かったんですけ

ど、だんだん慣れるんですね。少しずつわかって行くのですごく楽しくなってきました」（国際基督教大学、2003、p. 86）というコメントが示すように、ELP履修に対して極めて意欲的な学生たちの姿がそこにはある。多量の宿題をこなすための時間を保持するための自己管理の大切さとその方法をも学ばなければいけないことを知り、ELP以外の授業とのバランスを取りながら自己学習計画を立てる必要性をも学んで行くのである。まさに「英語でリベラル・アーツ」（第2章）の第一歩である。もちろん学生が新しい学習環境に支障なく適応できるよう、教員や事務局といった全学をあげての惜しみない組織的サポートがあることは言うまでもない。

ELPで学んだことは何か、という問に対する学生たちの回答の一部を紹介する。「ELPが何かをしてくれると期待するのではなく自分で努力すること」「ELPのおかげでものの考え方が変わった気がする。新しいものの見方には最初はとまどうけれど、考える力を伸ばすよい機会になる」「できるだけ自分の意見を表現する努力が必要」[7]。ここに、「英語を学ぶのではなく、英語で学ぶ大学」というICUのリベラル・アーツ教育を実現するための一環として存在しているELPの特徴がよくあらわれていると言えよう。

4. 教授法の特徴

ELPの英語教育の基礎にあるのは第2章でも述べられた通り、English for Academic Purposes (EAP) であり、その目標は日常英会話ができるようになる、TOEICで高得点を取ることとは異なり、研究をする、卒業論文執筆をするなど大学生としての知的活動を日英両言語で行うことができる学生を育成することである。

この目標達成のためにELPでは内容中心アプローチ (content-based approach) と統合的アプローチ (integrative approach) という2つの英語教授法のアプローチをとっている。本項ではこれらのアプローチを定義し、ELPの中でどのように実践されているか具体的な説明を試みる。

> ## 4.1 内容中心アプローチ (Content-based Approach)

内容中心アプローチ(内容中心教授法、コンテント中心教授法とも呼ばれている)とは外国語と歴史、生物などアカデミックなトピックを統合して教える教授法である。語学学習とアカデミックトピックの統合により学習者は外国語を通してそのトピックを学び、さらにアカデミックな言語技能を身につける。同アプローチの最終目標はアカデミックな言語技能を外国語で教えられている他のコースに応用することである（Brinton, Snow, & Wesche, 1989）。

ELP が内容中心アプローチを採る理由は次の 2 点に集約される。まず、内容中心アプローチは EAP に即してという理由からである。英語を通してあるトピックを学ぶことにより、学習の目的はテキストに英語で書かれている文法、構文、内容を理解するに留まらず、内容を考え、解釈し、評価することも要求される。またより深いトピック理解のために複数の文献より情報収集をする、他者と討議する、そして外からのインプットを整理し、自分の考えを表現する等の言語活動も必要とされる。このように内容中心アプローチではあるトピックを通してアカデミックな言語の表現法を学び、さまざまな言語活動に携わることが要求される（Brinton, Snow, & Wesche, 1989）。

第 2 の理由は ELP が高等学校までの学習とリベラル・アーツの架け橋的な役割を担っているからである。ICU の学生は卒業時までに英語で開講される学部のコースを少なくとも 9 単位履修しなければならない。ただ単なる英語のコースではなく、英語で教えられている学部のコースを履修するということは、英語の講義内容を理解し、英語の文献購読、英語での討議などが必要とされるのだ。学部での授業を受けるのに充分な基礎的学問能力のみならず英語力を学生につけさせるため ELP では内容的アプローチを取っている。

>> ### 4.1.1 The ELP Reader

内容中心アプローチは ELP 全てのコースの目標、教材、タスクなど多岐に渡って実践されている。各コースにおける実践例の説明は後章に譲り、

ここでは内容中心アプローチの一例として ELP で編集されている教材、The ELP Reader を紹介する。

The ELP Reader は ELP の中核を成す Academic Reading and Writing と Reading and Content Analysis というコースで使用されるテキスト教材である。このテキストは 7 種類のリーディングトピックから構成されており 1 年を通して両コースで使用される。

トピック及びテキストの選定は ELP の専任教員によって行われるが、大学生が考えるべき普遍的なもの、論議をかもすもの、ICU の 6 学科[7] に関連しているもの、さらに学際的なものなどを念頭に置いている。

また各トピックを学ぶ際に要求される視点、思考能力も選定において重要とされている。例えば春学期初めに扱われるトピック Educational values（教育観）で学生は大学における教育観、教育の価値について学ぶのみならず、高等学校まで受けてきた教育とは異なる教育に対する姿勢について学び、慣れ親しんできたことを新しい角度から見ること、客観的視点を持ち読むことが要求される。さらに冬学期の Bioethics（生命倫理）では安楽死、クローンなどのトピックを読み、論争における異なる立場の見解を理解してゆく能力が必要とされる。

Academic Reading and Writing (ARW) と Reading and Content Analysis (RCA) は共通のトピックの下、別個のテキストを学ぶが、異なっ

学期	トピック	ARW: 視点	RCA: ジャンル
春	● Educational Values ● Literature ● Argumentation	客観的 主観的	スピーチ --- 大学で使用されるテキスト
秋	● Culture, Perception, & Communication ● Issues of Race	認知的 科学的 文学的	大学で使用されるテキスト 著書の序章、一章、終章
冬	● Bioethics ● Visions of the Future	倫理的 統合的	著書の序章 著書の結論

表2　The ELP Reader のトピック

た観点からテキストを採択している。Academic Reading and Writing ではテキストを読む際に読者に求められる視点から、Reading and Content Analysis ではテキストのジャンルから選ばれている。

The ELP Reader に収録されている全てのテキストは英語圏の大学の授業で使用されている難易度のものであり、英語学習者を対象読者とした語学学習のためのテキストはひとつもない。アカデミック言語の語彙、文体、機能、話法等を学ぶためにはいわゆる authentic text（言語学習のために書かれたテキストではないもの）を使用することの重要性が唱えられている（Brinton, Snow, & Wesche, 1989）。英語を外国語として学ぶ大学1年生にとって言語的にもさらには内容的にもかなり難易度が高いテキストも含まれている。

選定されたテキストは、案件として ELP 会議に提出され、専任教員全員が吟味し、採決される。採用された教材は少なくとも2年間は使用され、使用許可を版権者から得ている。

>4.2 統合的アプローチ

統合的アプローチとは言語教授法において言語4技能（リスニング、スピーキング、リーディング、ライティング）を統合して教えることを指す（ジョンソン・ジョンソン、1998）。ELP における統合的アプローチは4技能統合のみならず、複数の情報を統合し、理解する能力を高めることをも目的としている。ここでは4技能の統合及び情報統合能力向上を目的とした ELP の統合的プログラムについて説明する。

>>4.2.1 4技能の統合

先に述べた通り、統合的アプローチとは言語教授法において言語4技能を統合して教えることを指しており、「可能な限り実際の言語使用と同じように授業で言語活動を行おう」という見地から提唱されているアプローチである（ジョンソン・ジョンソン、1998, p. 422）。

実際の言語使用に沿った言語活動を行うには授業またはコースで掲げられた到達目標と学習者が実際に目標とする場面で使う言語の適合性が重要で

ある(ジョンソン・ジョンソン、1998)。ELPの到達目標は「リベラル・アーツ教育を受ける基礎を英語で築く」ための思考力と英語力を指導することであり、具体的には学部において、特に英語で開講されているコースで充分に学んでゆく能力を学生につけさせることである。

英語で開講されている学部のコースでレポートを書くという設定を例として必要とされる言語活動を挙げてみよう。英語の講義を聞き(listening)、講義ノートを取り(note-taking)、教員の質問に答え、また発言する(speaking)。さらにテキスト、プリントを読み(reading)、インプットした情報を統合して(synthesizing)、レポートを書く(writing)とさまざまな技能が必要とされる。ELPの1年次のコースでは学習者の英語運用能力の向上を図るために4技能に焦点を当てたコースを設け、カリキュラム全体で英語運用能力が統合するように構成されている。

>>4.2.2 統合的プログラム

ELPの統合的プログラム(integrated program)では何がどのように統合されているのだろうか。ELPカリキュラムの1年次春学期に焦点を当てコースがどのように有機的に作用しているか説明しよう。

ELPでは4技能統合のみならずコースの目標、シラバス、教材、トピック、成績、担当教員、単位修得などが統合され、学生の英語学習をさまざまな側面から促し、補い、強化している。まず春学期のコース目標を紹介する。

コース目標は複数のコースで重複し、補充するよう意図されており、繰り返し訓練を行うことによるスキル強化を目指している。

次に統合的プログラムはどのように機能し、学生に何を求めているのか春学期の最初のトピック educational values(教育観)を例に挙げて説明する。

春学期のコース目標のひとつとして「テキストで扱われているトピックを理解すること」が掲げられている(Academic Reading and Writing(第5章)、Reading and Content Analysis(第6章)、Narrative Presentation(第7章)参照)。学生は各自、宿題として ELP Reader の educa-

科目名		コース目標
Academic Reading and Writing (ARW)	リーディング	EAPとしての能力向上 テキストの内容理解促進
	ライティング	大学で求められる英語のライティング能力及び思考の育成
Reading and Content Analysis (RCA)	リーディング	アカデミックな学習に必要とされるリーディングストラテジーの育成 テキストで紹介される多様なトピックの理解
	ライティング	テキストの内容を説明する能力向上
Narrative Presentation (NP)		ARW、RCAで学ぶトピックの背景知識導入 アカデミックな講義の聴解力及びノートテイキング能力向上
Academic Listening and Note-taking (ALN)		アカデミックな英語の講義の聴解力及びノートテイキング能力向上
Academic Learning Strategies (ALS)		アカデミックな学習における基礎的学習能力及び学習習慣を身につける
Academic Speaking 1 & 2 (ASP)		アカデミックな状況で必要とされるスピーキングの向上

表3　ELPカリキュラム1年次春学期コース目標

tional values に関する Academic Reading and Writing, Reading and Content Analysis のテキストを読む。2つのコースでは教育観に関する別々のリーディングが課される。

　クラスによっては教員が新聞記事などの補助教材を宿題として課すこともある。複数のテキストを課すことによりトピック理解の際に複数の文献から得た情報を正確に理解し統合することが学生に求められる。

　次に授業からの情報統合について話をしよう。講義形式の授業 Narrative Presentation ではひとつのトピックにつき平均して2回、2名の教員による授業が行われる。この授業で学生は educational values のテキストを理解する際の背景知識、また educational values に対する複数の教員の

見地を学ぶ。Academic Reading and Writing、Reading and Content Analysis の授業ではテキストの内容理解を深め、教員、クラスメートとのディスカッションを通してより多くの考えに接する。複数のコースで同じトピックを扱うことにより、授業で吸収した情報、意見を統合し理解を高めることを目的としている。

　学生は内容のみならず複数のコースで学んだスキルを統合することも期待される。春学期のコース目標に「聴解力及びノートテイキング能力向上」、また「基礎的学習能力及び学習習慣を身につける」ことが挙げられている（Narrative Presentation、Academic Listening and Note-taking、Academic Learning Strategies 参照）。Narrative Presentation のコースで学生は講義内容をノートに取る。そのノートを Academic Listening and Note-taking コースの課題である「ノート自己評価表」により自己評価し、同授業に持参し、ノートをクラスメートと交換しクラスメートから評価を受ける。Narrative Presentation のコースでとったノートを Academic Listening and Note-taking のコースで再利用することによりノートテイキング能力の強化を目的としている。またひとつのコースで行った課題を他のコースで使用することにより、自己の英語能力を省みる機会が与えられ、さらに他者からも評価を受けることにより上達のヒントまた動機付けとなっている。

　スキル統合の例をもう一例挙げよう。Academic Learning Strategies の春学期のコース目標は「基礎的学習能力及び学習習慣を身につける」ことであり、自分の学習方法を振り返り、発表するという課題が課されている。Academic Learning Strategies のコースで学習方法についてのディスカッションが行われ、さらに春学期の Narrative Presentation の授業でも学習方法についての講義が行われる。学生は講義で学んだことを Academic Learning Strategies のクラスに応用することを期待されている。

　さて統合された情報、スキルはどのように処理されるのだろうか。学生は複数のコース（Academic Reading and Writing、Reading and Content Analysis、Narrative Presentation 等）から、複数の他者（著者、教員、クラスメート）から、複数の技能で（listening, reading, speaking）学んだ

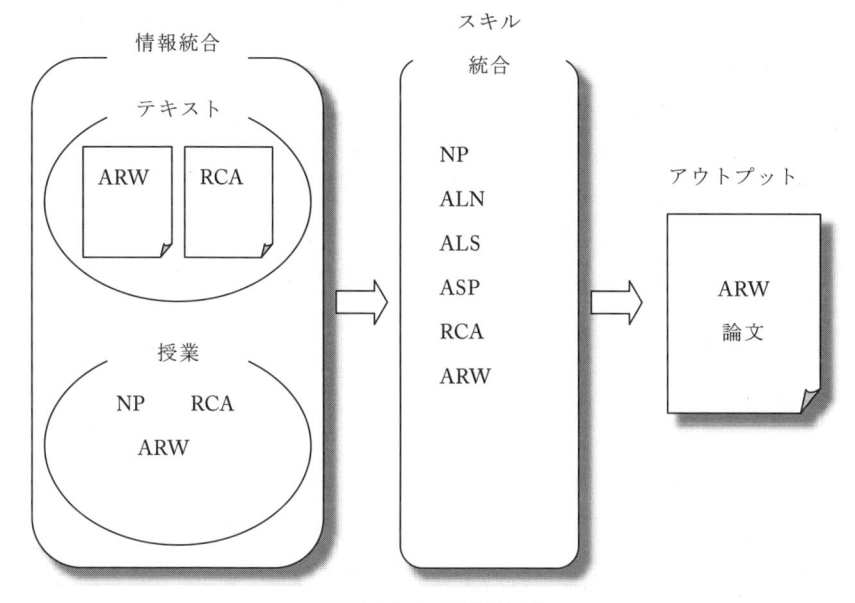

図2　情報・スキル統合

ことを整理し、吟味し、議論し、自分の考えを Academic Reading and Writing のエッセイにより表現する。このように ELP の中での統合とは4技能統合だけではなく、複数の情報を吟味、結び付け、まとめる能力を養うための訓練を指している。この統合という点はリベラル・アーツ大学に学ぶ自律した学生の育成のために重要な要素である。

5. プログラムの特徴

ELP の教授法上の特徴は前項で紹介された。ここではプログラムの特徴的な点をいくつか紹介しよう。

>5.1 習熟度別プログラム

ELP の履修対象学生(本章 2.1)で述べられた通り、ELP を履修する学生たちは入学直後4月に3つの習熟度別プログラムに分けられる。習熟度

別クラス分けは最近、日本の大学の外国語の授業で一般的になりつつあるようだ。平成13年度「能力別クラス化」を行った大学は全体の51.9%、14年度で56.4%、15年度は61.3%であった(大学における教育内容等の改革状況について−1)。ELPは1987年より1年次カリキュラムを習熟度別に実施してきた。習熟度別の必然性はELPの授業が全て英語で行われるという理由から他大学よりも高いかもしれない。「全て英語で行われる」とは母語が英語の教員、日本語の教員、全てのELP教員が授業を英語で行い、学生たちも互いに英語を使い、テキストも全て英語圏の大学で使用されるレベルのものばかりであることを指し、4月から新入生は日本語運用能力に頼ることができない環境に放り出される。ICUに入学する学生の語学背景は多様であり、英語熟達度、特にリスニング、スピーキングに学生間で大きな違いがあるようだ。このような環境で習熟度別の実施は不可欠である。

　習熟度別プログラムについて4月に行われる新入生ELPオリエンテーションで学生に強調するのは習熟度別と能力別とは異なるということ、そして英語能力向上のために4月時点の英語習熟度で適切であると考えられるプログラムに分けられることだ。学生の中には自分より習熟度が高いクラスメートの中で学びたいという学生もいるようだ。しかし語学学習において良いロールモデルとなるのは、教員や習熟度レベルが異なる学生ではなく、習熟度が近いクラスメート(near peer role models)であり(Murphy, 2003)、習熟度の近い学生が誤りを犯しながらも懸命に学習に取り込む姿などを見てスキルのみならず勉学に対する姿勢を学ぶ学習者も多いようである。

>5.2　プログラム移動

　ELPの1年次に1回、秋学期開始前にプログラム移動が可能である。一般的にはプログラムAの学生はプログラムBへ、プログラムBの学生がプログラムCへと習熟度が高いプログラムへの移動を指す[9]。プログラム移動の候補者には1)ELPの春学期で優秀な成績を修めた者、2)春学期の担当教員から推薦のあった者、3)春学期また夏期休暇中に英語を勉強し「自己推薦」をする者と3通りある。プログラム移動を希望する学生は夏期休暇中に申請をし、秋学期オリエンテーション時に数名のELP教員から

約10分間の英語の面接を受ける。移動決定は面接の結果、春学期の成績、春学期の担当教員の意見などを参考に行われる。面接で考慮される点は英語運用能力のみならず、プログラム移動に対する本人の意志も尊重され、新しいクラスへの適応能力なども観察される。毎年プログラムA、プログラムB共、10数名の学生が面接を受け、それぞれ約10名がプログラム移動を遂げる。

　プログラム移動は学生たちにステップアップの機会を与え、さらに動機付けにもなっているようだ。4月、各プログラムに配属された後、プログラムA、Bの中には自分がなぜそのプログラムに配属されたのか腑に落ちないという学生が必ずいる。彼らもプログラム変更の機会があると知ると俄然勉学に熱が入るようだ。また春学期にまたは夏期休暇中の海外英語研修プログラム（第4章3参照）で目ざましい上達を遂げる者もいる。そのような学生の上達をさらに促進するために個人をプログラムに縛らない融通性を備え持つことが重要だと考えられている。学生たちにとってプログラム移動とは春学期、夏期休暇の成果を図るひとつの指標となっているようである。

>5.3　少人数セクション

　学生たちはプログラム別に分けられた後、プログラム内の「セクション」というクラスに分けられる。2005年度1セクションは約20名前後から構成され全部で28セクションから成る。理学科専攻の学生は実験など専攻特有の時間割があるため理学科専攻の学生が多いセクションに分けられるが、それ以外の学生は専攻学科に関係なく各セクションに分けられる。

　1セクション20名前後とは教員の個々の学生への充分な指導、またきめ細かいケアを可能とする人数である。指導には授業のみならず次章に記述のあるTutorialと呼ばれる個人指導も含まれる。また個々の学生の英語学習における特徴を観察する、さらに学生の精神的、感情的な特徴、変化にも目を向けてゆくことが可能な人数である。

　学習者の立場からも少人数セクションの利点は大きい。20名前後のセクションは個々の学生がディスカッション、発言をするなど授業中に充分に学びに参加できる人数であると同時に学びの場に必要な多様性も生まれてく

る。

さらに少人数セクションは学生のコミュニティー作りに一役買っている。学生たちは同じセクションの仲間と1週間約9コマのクラスを受け、1年間（プログラムA、プログラムBの場合）肩を並べて共に学ぶ。これだけ多くの時間を共に体験し、セクションの学生たちには強い共感が生まれ大きな存在になってゆく。勉強にくじけた時、精神的に参っている時、電話をもらったり、一緒に勉強してもらったりとセクションメイトに助けられた話を学生からよく聞く。試験前にはセクションで自発的にスタディーグループを作り勉強している学生も少なくない。セクション分けはELPの1年のみしか行われないがICUの4年間を通して、また生涯を通してかけがえのない友となるようだ。

>5.4 ELP教員

ELP教員の詳細については第11章に譲るがここでは教員の多様性について言及したい。2005年度の教員構成は33名の専任教員のうち日本語を母語とする教員は12名、英語を母語とする教員は21名である。英語を母語とする教員の国籍も米国、英国、オーストラリア、アイルランド、カナダ、ニュージーランドとさまざまである。英語を母語とする教員の多様性を保つ目的は学部の授業で、また卒業後さまざまな背景を持つ人々と接して行く学生たちに英語圏のなかでも多様な文化背景、社会背景を持つ教員に触れることが重要であると考えるからだ。

日本語を母語とする教員の中にも多様性が見られる。大学まで日本で教育を受け大学院で留学した者、帰国生、海外で就職経験のある者など異なった経験を持つ教員から構成されている。学生のロールモデルとなるべく、日本語を母語とする教員の多様性はELPの学生の語学学習経験を網羅するよう保たれている。

>5.5 集中度

第2章で述べたとおりELPの目標は大学における学びに積極的に参加するためのアカデミックな英語を教授すること、基礎的学問能力の育成、さ

らに異文化理解、と大学生として期待される姿勢を身に付けることである。このような目標を達成するには毎日繰り返し集中して訓練することが必要である。

　ELPの集中度を説明するにあたり、単位数が多い点は次章に譲り、ここでは教員の指導における集中度について述べよう。前述された通り、1年次ELPの中核となるコースにAcademic Reading and WritingとReading and Content Analysisがある。Academic Reading and Writingを履修する際、学生たちはひとりの教員から週3回70分の授業を受け、さらに授業以外のTutorialという個々の学生が教員の研究室を訪れる時間でも指導を受ける。またReading and Content Analysisでは日本人の教員から週2回70分の授業を受け、やはりTutorialという個人指導の時間が設けられている。10週間このように同じ教員から集中的に指導を受けることにより教員も個々の学生の英語学習における強い点、弱点などがわかり適切な指導を可能とする。学期ごとにコースの教員は変わるが、同じスケジュールで綿密な指導が行われてゆく。

　このような訓練を1年次で受けることにより、2年次から本格的に学部コースを履修する、また個々の専門に集中することが可能となる。ELPの授業の重要性が大学から認識されており、大学全体のカリキュラムでもELPの授業の時間割、教室割は確保されている。学生の時間割で一般教育の時間割が重複した場合、学生はELPの授業を優先的に取らねばならない。このように大学全体からサポートがあってからこそELPのような集中度の高いプログラムの実践が可能であると言えよう(第11章、第13章参照)。

>5.6　英語で授業を行う

　前述したとおり、ELPでは母語に関係なく教員全員英語で授業を行う。また学生も授業中の発言、学生間のディスカッションなど英語で参加する。日本で外国語の授業を目標言語(外国語と日本語の併用も含む)により実施している大学は13年度38.3%、14年度46.4%、15年度43.6%と少しずつであるが増えつつあるようだ(大学における教育内容等の改革状況につい

て–1)。英語で全て授業をするポリシーを打ち立てている英語プログラムも少なくない。しかし学生同士が日本語で話し、英語を話すのは教員だけ、学生が英語で授業をすると理解できないなどの理由から実践がなかなかむずかしいようである。

　ELP において全て授業を英語で行うことは、学生にさまざまなアカデミックな言語活動に従事する機会が与えられ練習の場が多く幅広くなることを意味する。初めのうちは母語が日本語の教員に英語で話すのを不自然に感じる学生もいるようだが、1学期授業を受け終わるころには、日本人の教員が日本語で話すのを奇異に感じるほどに英語に慣れてくる。プログラム A、B の場合、Reading and Content Analysis というコースは必ず日本人教員が教えており、前述した Tutorial では同じ母語を共有しているという日本人教員のメリットを生かし日本語を使用してもよいこととなっており、日本人教員は Tutorial を始める前に日本語、英語、どちらの言語で Tutorial を行うか学生に尋ねることが常である。Tutorial で日本語使用が可能なことにより、授業内容、テキスト内容の確認、英語の指導を受けるのみならず、学生に自己表現、自己確認、悩み相談の場を与えており、特に1年生にとって Reading and Content Analysis を教えている日本人教員の存在は大きいようだ。

>5.7　プログラム・コーディネーション

　ELP における特徴的な点として統合的アプローチが挙げられることは前にも述べた。前節ではその中で4技能の統合、情報の統合など、学生が学習の際に求められる統合について言及した。本章5.4で述べたとおり ELP の教員は多様性に富んでいるが、ここでは教育理念、教育経験が異なる教員の多様性を生かしつつ統合的プログラムを実践するために ELP が行っている工夫を説明する。

>>5.7.1　シラバス

　シラバスとは「授業科目名、担当教員名、講義目的、講義概要、毎回の授業内容、成績評価法、教科書や参考文献、履修する上での必要な要件等を詳

≪ELPの概要

細に示した授業計画」(大学における教育内容当の改革状況について–2)である。最近、大学ではシラバス作成、公開が一般的になり、平成15年には99%の大学、98%の学部でシラバス作成が行われている。

　一般科目のシラバスは教員が独立して作成することが常であろう。しかしながらELPでは今まで述べられてきたようなプログラムの性格上ほとんどのコースに共通したコースシラバスがあり、毎学期始めにコースを担当する教員全員及び学生にシラバスが配布される。統合プログラムを実践しているELPでは各コースのシラバス及び到達目標が有機的に関わっており、個々の教員が特色を出しながらもコースの到達目標に沿って授業を行うことが期待されている。

>>5.7.2　コース・コーディネータ

　ELPの全てのコースには少なくとも1名のコーディネータが存在する。コーディネータの役割は学期シラバスの作成、コース目標の見直し、コース教材の整理、ミーティングの召集、新任教員へのサポート、非常勤教員への対応などである。ほとんどのコースは学期始めにコーディネータがミーティングを召集し、該当学期のコース目標が明記された学期シラバスが配布される。コースによっては毎週レッスン目標が明記されたレッスンプランが配布されるコースもある。44名もの教員(非常勤教員を含む)を有しながらも統合プログラムを実践してゆくためにはコースの目標が明記されたコースシラバスの役割は非常に大きい。使用されたすべての教材はファイルされ、次年度のコーディネータに引き継がれる。コースコーディネータは統合プログラム実践において不可欠な存在である。

>>5.7.3　ELP教材

　ELPの1年次カリキュラムでは全てのコースで共通のテキストが使用されている。授業が全て英語で行われているプログラムでどのような教材が使用されているか、ここで紹介する(**The ELP Reader**については本章4.1.1を参照)。

　テキスト採択の際に**EAP**に、またコース目標に即しているか、言語レ

コース名	使用教科書名
Academic Reading and Writing (ARW)	● ICU. 2005. *The ELP Reader 2005*. In-house ELP Publication. ● Achebe. 1959. *Things Fall Apart*. Anchor Books / Doubleday. ● Hacker. 2003. *A Writer's Reference* (5th ed.). Bedford / St. Martin's.
Reading and Content Analysis (RCA)	ICU. 2005. *The ELP Reader 2005*. In-house ELP Publication
Narrative Presentation (NP)	講義担当教員が教材を作成
Academic Listening and Note-taking (ALN)	Lebauer. 1998. *Learn to Listen; Listen to Learn*. Prentice Hall.
Academic Listening Strategies (ALS)	ELP 作成教材
Academic Speaking (ASP)	Hemmert and O'Connell. 1998. *Communicating on Campus: Skills for Academic Speaking*. Alta.
Listening Skills and Strategies (LSS)	Lebauer. 1998. *Learn to Listen; Listen to Learn*. Prentice Hall. ELP 作成教材
Advanced Academic Speaking (AASP)	Hemmert and O'Connell. 1998. *Communicating on Campus: Skills for Academic Speaking*. Alta. ELP 作成教材
Vocabulary Acquisition (VA)	Porter. 2003. *Check Your Vocabulary for Academic English* (2nd ed.). Bloomsbury.
Communication through Media (CM)	ELP 作成教材
Pronunciation (PR)	ELP 作成教材

表4　2005-2006年度 ELP 教材

ベル、内容が適切か、日本語英語学習者のために役に立つか等を考慮にいれる。EAP に即しているテキストが少ないのが実情であり、ELP で教材を作成することも多い。

　ELP リーダー同様、新しくテキストを採用する、テキスト使用を中止す

る等、テキストの変更はすべて ELP ミーティングで提案、討議され、採決が取られる。

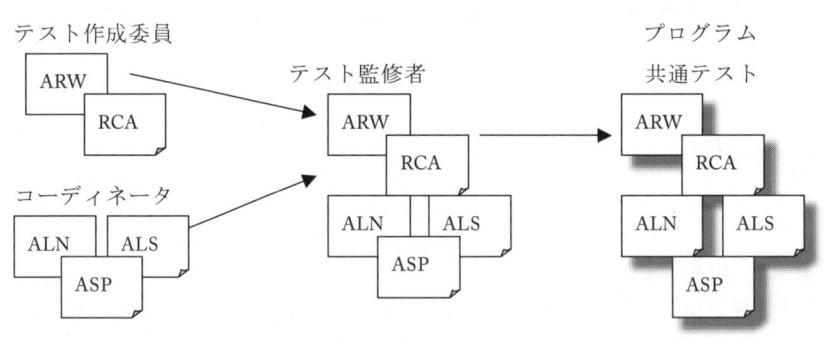

>>5.7.4 プログラム共通テスト

プログラム共通テストとはその名の通り ELP のすべてのコース[10]で行われるプログラム共通の統一テストで金曜日の1時限に一斉に実施される。1コースに対して平均1学期2回行われる。プログラム共通テストの目的は学生に学習成果を試す機会を与えること、またコース担当教員による評価とは別の視点から評価をすることにある。各コースの成績はコース担当教員が与える成績、プログラム共通テストの結果を総合して換算される。複数の視点から学生を評価することにより、より的確な評価ができると考えるからである。

テスト作成担当者はコースによって異なるが、Academic Reading and Writing 及び Reading Content Analysis はテスト委員が、他のコースはコースコーディネータが作成する。テスト問題は作成スタッフからテスト監修者に渡され、監修後、初めてプログラム共通テストとして実施される。

図3 春学期プログラム共通テスト作成の流れ

またテストの形式は論述、short answer、選択肢問題などコース、目的によって変えられる。

>>5.7.5 ELP 会議

ELP では公式会議が毎月1回開催され、それ以外にも必要に応じて会議

が開かれる。会議ではELP主任、副主任からの報告に始まり、さまざまな点が審議される。ELP会議はELP教員の意見交換、討議の場であるだけでなく、ELPにおける最高決定機関でもある。ELP会議で特徴的なのは決定を要する事項は審議後に投票で採決されるという点であろう。コース、テキスト変更などカリキュラムに関する変更も投票で採決される。審議及び投票についての流れを紹介しよう。

案件はまず提議案として起草されELP会議に提出される。提議案には提議事項や、提議事項が採決された場合派生的に起こる結果等が明記される。提議案提出後、採決まで2週間の審議期間が設けられ、採決は必ずELP会議で行われる。このような経過を経ることにより採決事項について教員間の意見交換が活発になり、また公平性の保持にもつながっている。

>>5.7.6 スタッフ・ハンドブック

ELPには教員用の手引きであるスタッフ・ハンドブックが存在する。スタッフ・ハンドブックは毎年改定されELP会議で採決される。ハンドブックにはELPの目標、ELPカリキュラムまた各コースの目標及び説明、成績の基準、仕事の分担などが詳細に渡り掲載されており、プログラムの基準統一、レベル保持に大きな役割を果たしている。

6. おわりに

本章では学生の実態、教授法の特徴及びプログラムの特徴に焦点を当てて述べた。授業に参加する学生が受けた教育環境、また授業を行う教員の文化及び言語背景も多様性に富んでいることがおわかりいただけたのではないだろうか。教員、学生の多様性を生かしながら統合プログラムを実践するという一見相反する要素が共存するプログラム実現のためにさまざまな工夫がなされており、習熟度、少人数クラスで学生の多様性を重視し、プログラム・コーディネーションにより統合した教育を目指している。ELPの目的であるリベラル・アーツ教育を十分に受けるための能力を学生につけるためには多様性を統合する能力が不可欠だと考えられている。

注

1. 本章は1節から3節までを深尾暁子、4節から6節を渡辺敦子が執筆担当した。
2. プレイスメント・テストに使用するのは TOEFL-ITP (Institutional Testing Program) と呼ばれる TOEFL の形式・採点方法に準じた団体向けのテストプログラムで、満点は 677 点である。
3. 日本では 2006 年から、英語の 4 技能(読む・聞く・話す・書く)を測定する次世代 TOEFL が導入される。
4. TOEIC がビジネスコミュニケーションにおける英語運用能力の測定を目的とするのに比して、TOEFL はアカデミックな英語運用能力を測定するためのテストである。
5. その多くは 9 月入学生であるが、4 月入学生の中にも極めて少数の該当学生がいる。
6. TOEFL を製作、実施している ETS (Educational Testing Service) が公表した 2003–2004 年のデータによる。
7. ELP のホームページに紹介された学生の声(原文は英語)を日本語に訳した。
8. 国際基督教大学の 6 学科とは人文科学科、社会科学科、理学科、語学科、教育学科、国際関係学科を指す。
9. まれなケースとして下方移動もある。主任、副主任の面接により適性を考え判断される。なお、カリキュラムの性質上、プログラム C から B への移動はない。
10. 2005 年度は NP のテストは NP 講義中に行われた。

参考文献

Brinton, D.M., Snow, M.A., & Wesche, M.B. (1989). *Content-based second language instruction.* Boston: Heinle & Heinle.

English Language Program. (2005, December 1). Words of Advice from ELP Students. English Language Program. Retrieved December 1, 2005 from the World Wide Web: http://subsite.icu.ac.jp/elp/ELP_S_Comments.html

Hayashi, C., & Watanabe-Kim, I. (2003). A survey of current learners' backgrounds in English learning. *ICU Language Research Bulletin, 18,* 81–96.

Murphy, T. (2003). NNS primary school teachers learning English with their students. *TESOL Matters 13,* 4.

ジョンソン、キース・ジョンソン、ヘレン(編)(1999)『外国語教育学大辞典』大修館 岡秀夫(監訳) Johnson, K., & Johnson, H. (1998). *Encyclopedic dictionary of applied linguistics.* Oxford: Blackwell.

国際基督教大学 (2003)『ICU 国際基督教大学入学案内 2004』国際基督教大学
国際基督教大学 (2004)『ICU 国際基督教大学入学案内 2005』国際基督教大学
文部科学省　大学における教育内容等の改革状況について–1　2005 年 9 月 10 日検索 http://www.mext.go.jp/b_menu/houdou/17/03/05060902/001.htm

Chapter 4

ELPのカリキュラム

深尾暁子

1. はじめに

　本章では、ICUの学生が約2年間にわたって履修するELPがどのようなカリキュラム構成で、それぞれの授業の中で学生が何をどのように学んで行くのかを、解説して行くことにする。前章同様に多くの図表を用いることで、読者を「ELPの現場」により近く導くための報告である。

2. カリキュラムの概要

　2年間のカリキュラムは1年次用、2年次用に分かれている。1年次用カリキュラムは、英語でリベラル・アーツ教育の基礎を築くことに焦点をあてており、これを終了した学生だけが2年次カリキュラムの履修に進むことを許される。2年次カリキュラムの主眼は、1年次に学習した英語運用能力の応用と、より実践的な技能習得にある。

>2.1　1年次のカリキュラム

　表1はICUの1年生が春学期に受講する時間割の典型的な例である。1週間20コマの内、ELPの授業が10以上を占めている。所属学科や専攻にかかわらず、1年生にとってのICU生活は明けても暮れても英語漬けの日々から始まることになる。

　この表にある14コマのELPの授業はその性質から大きく2種類に分け

	月曜日	火曜日	水曜日	木曜日	金曜日
1限	Reading and Content Analysis (Tutorial)[1]	Academic Reading and Writing (Tutorial)[1]	Academic Listening and Note-taking		Program-wide Test
2限	Academic Reading and Writing	Reading and Content Analysis	Academic Speaking 1	クラス4	Reading and Content Analysis
3限	クラス1		クラス1	クラス4	クラス1
昼休み					
4限	Narrative Presentation	クラス2	Academic Learning Strategies		Academic Reading and Writing
5限	Academic Reading and Writing	クラス3	Academic Reading and Writing (Tutorial)[1]		Academic Speaking 2

表1　ELP1年次春学期の時間割（例）

表中の「クラス1～4」表記はELP以外の一般教養科目や基礎科目、体育のコースを指す。

ることができる。ひとつはELPカリキュラムの中核を成すトピック・読解資料の内容理解、批判的思考の養成ならびにライティングの技能向上に焦点を当てたコースで、Academic Reading and Writing、Reading and Content Analysis、Narrative Presentationがこれにあたる。もうひとつはコミュニケーションスキルに焦点を当てたコース、Academic Listening and Note-taking、Academic Speaking 1、Academic Speaking 2、Academic Learning Strategiesである。その全てが第2章で述べられた「基礎的学問能力」を高めるために構成されたプログラムであることは言うまでもない。各コースの詳しい解説は次章以降に譲り、ここではこの2種類のコースの役割とコース間の有機的なつながりについての説明を試みる。

```
┌─────────────────────┐
│                     │        ┌──────────────────────────────┐
│                     │        │  Reading and Content Analysis │
│                     │        │                              │
│ (多読、討論、小論   │ ┌──────────────────┐                  │
│                     │ │ Narrative Presentation │  (分析読解、要旨記 │
│ 文ならびに Tutorial) │ │     (講義)         │  述ならびに Tutorial) │
│                     │ └──────────────────┘                  │
│ Academic Reading and Writing │                              │
└─────────────────────┘        └──────────────────────────────┘
```

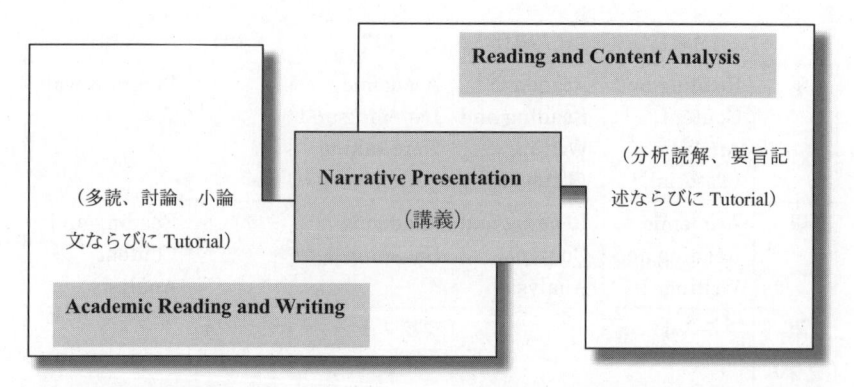

図 1 Academic Reading and Writing と Reading and Content Analysis の関連

>2.2　カリキュラムの中核を成すコース

　第 3 章で説明した内容中心アプローチをベースに持つのが Academic Reading and Writing と Reading and Content Analysis という 2 つのコースである(図 1)。

　コースとしては互いに独立しているが、どちらも読む・聴く・話す・書く、という 4 技能の向上を目的としている。さらに、同時期に同じトピックを扱い、また Narrative Presentation という講義の時間を共有している点でもこの 2 コースは強い関連性を持つ。この枠組みの狙いは、あるトピックについて学生が集中的に深く掘り下げて学ぶことを可能にすると共に、獲得すべき基礎的学問能力や英語運用能力を実践的に使う場を増やすことにある。以下に、学生の学習プロセスを描写し、1 年次カリキュラムの中核を成すこれらのコースの関連性を説明して行くことにする。

　Academic Reading and Writing ではあるひとつのトピックについて複数の読解資料を与えられる。その上で、Narrative Presentation で行われるそのトピックに関連した講義内容について、各自の総合的理解をベースに、教員やクラスメートとの討論を行う。そこでは読解資料の著者ならびに教員・クラスメートの解釈や意見に触れ、また同時に自分の解釈・意見を発言し議論の対象とすることで、自らの理解を客観的に分析・評価することを要求される。こうした学習活動を通して学生ひとりひとりが自分の理解を

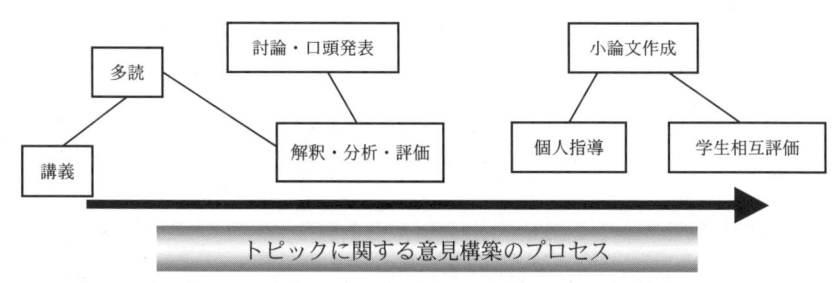

図2 Academic Reading and Writing での学習過程

発展・深化させて行くことが大きな目標のひとつである。そのようにして得た自分なりの考えを今度は論文形式でまとめるという課題が出され、書くという自己表現の方法がいかに客観的な思考を必要とするかをも体験する。学生の多くは小論文を英語で書くという経験を経ずに大学に入学してくるため、授業での指導に加え、Tutorial という個人指導の時間が設けられている。つまり、多読を出発点とし、討論を通して多様な解釈に触れ、自らの意見を構築し、それを論文という形で発表するという学術的活動の基礎を体験して行くことになる(図2)。

一方、Reading and Content Analysis は分析読解という大学1年生にとっては馴染みの薄い、しかしやはり学術的活動には不可欠な技能の向上を主目的としている。学生はトピックに関連したひとつの読解資料を精読し、要点の見つけ方、著者の論の展開の仕方、キーワードの定義、例の選び方などを分析する方法を学ぶ。また要点を自分のことばに置き換えるパラフレーズや要旨の書き方の練習などを通して、「正確に読み、正確に書く」訓練を行う。ここでの Narrative Presentation の役割は、トピックへの導入授業と、このコースで扱う読解資料の読み方の指導である。また Tutorial の時間には資料への書き込みの仕方、パラフレーズの仕方などについて個人指導を受ける(図3)。

以上、Academic Reading and Writing と Reading and Content Analysis という1年次カリキュラムの中核を担うコースが、集中的にひとつのトピックについて学ぶという枠組みの中で設計されていることを述べた。量や種類の違いはあるが、どちらのコースでも読む・聴く・話す・書く、という

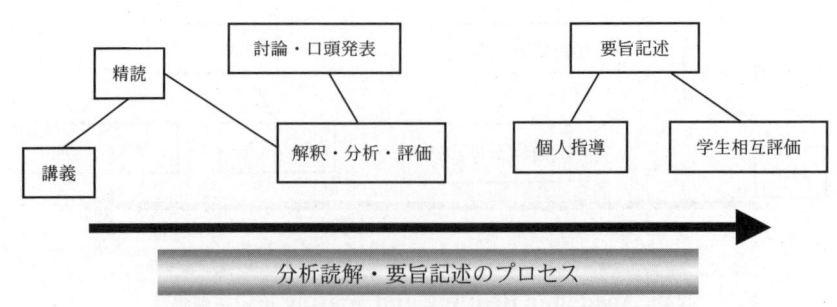

```
          討論・口頭発表              要旨記述
   精読
                  解釈・分析・評価   個人指導    学生相互評価
   講義

              分析読解・要旨記述のプロセス
```

図3　Reading and Content Analysis での学習過程

4技能の向上を図る訓練が行われ、基礎的学問能力の発展を目的とした授業が展開されている。トピックに関する知識の獲得は言うまでもなく、トピックへの異なるアプローチの仕方を学び、自らの意見を含めた情報の客観的評価を吸収し、意見の構築・修正・再構築を通して「メタ的視点」獲得の過程を学生自らが体験することこそ ELP の目指すところである。「英語という言語を通してリベラル・アーツに導かれる」こと(第2章)を「英語そのものの運用能力を高める」ことと一体化して実現しようとする ELP で、学生は学術的活動に必要となる知識や技術を体得し、リベラル・アーツ教育の土台を築いて行くのだ。

>2.3　コミュニケーション技能向上のためのコース

　Academic Listening and Note-taking, Academic Speaking 1・2, Academic Learning Strategies の3コースは、コミュニケーションに関わる技能習得を目標としたもので、カリキュラム上 Communicative Strategies (コミュニケーションストラテジー)と分類されている(表2)。
　コース名がそれぞれ "Academic" で始まることからもわかるように、これらのコースの目的はいわゆる日常会話や海外旅行のためのコミュニケーション技能の習得ではなく、講義を聞いてノートをとる、資料に基づいて討論する、または口頭発表をするという、大学という場での実践的なコミュニケーション能力を英語で獲得することである。例をあげると、「ノートをとる際の記号の活用の仕方 (Narrative Presentation のサポートとして Aca-

≪ELPのカリキュラム

春学期	秋・冬学期
Academic Listening and Note-taking （講義聴講とノートの取り方）	**Listening Skills and Strategies** （講義聴講とノートの取り方　上級）
Academic Speaking 1 & Academic Speaking 2 （授業参加のためのスピーキング）	**Advanced Academic Speaking** （授業参加のためのスピーキング　上級）
Academic Learning Strategies （大学で学ぶための学習ストラテジー）	**Vocabulary Acquisition** （語彙）
	Pronunciation （発音）
	Communication through Multimedia （マルチメディアを使った総合コミュニケーション技能）
プログラムAB履修学生は全コース必修	プログラムAB履修学生は2コースを選択必修 夏期プログラムでの単位取得が可能

表2　コミュニケーション技能習得のコース（**Communicative Strategies**）一覧と履修条件

demic Listening and Note-taking で学習）」、「教員との円滑なコミュニケーションの方法（Tutorial のサポートとして Academic Speaking 1・2で学習）」、「ポスターを使った口頭発表の仕方（Academic Reading and Writing, Reading and Content Analysis のサポートとして Academic Learning Strategies で学習）」などがある。これらの授業もすべて英語で行われることは言うまでもない。

　学術的活動を行う上で必要となるコミュニケーション技能習得に焦点を当てた Communicative Strategies のコースは春学期には必修として、秋学期と冬学期には5コースのうち2コースを自主選択必修という形で履修することになっている。また秋・冬学期分の単位取得は次節にあるように、夏期に行われる海外研修プログラムで行うことも可能である。

>2.4 2年次のカリキュラム

　1年次のカリキュラムを終了したことが認められた学生は、引き続きELP2年次のカリキュラム履修に進むことになる。1年次のカリキュラム終了が前提である理由は、2年次用に開講されているコース内容が1年次カリキュラムの履修なしには成立しえないことにある。したがって、1年目の終わりに1年次カリキュラムの再履修が決定した学生は、2年次カリキュラムを3年目以降に履修することになるため、それだけ専門分野の学習に入るまでに時間がかかることになる。

　2年次履修のコースはTheme Writingと呼ばれる論文作成方法の授業とSophomore Englishと呼ばれる総合英語の授業である。Theme Writingは、論文作成のプロセスを体験しながら学んで行くコースで、学部の授業で課せられるレポートなどの課題や学術論文を書くにあたって必要な文献リサーチや英語論文作成のスキルを身につけることを目的としている。そのため、論文を読解分析する、論理構成のしっかりした文章を書く、客観的な要旨を書く、といった1年次の学習目標を達成していることが履修の必要条件となる。Sophomore Englishは自主選択必修のコースで、ELPの各教員がトピック、テーマ、目標とする英語技能を設定し開講する、20以上ものコースからひとつを選んで履修する。ここで言及しておくべきことは、学生にとって2年次のコース履修は1年次の所属プログラムに影響されることがないという点である。これは先に述べたこととも関連するが、ELP1年次のカリキュラム履修を終了する時点で、英語で開講されるICUのどの授業の課題にも対応することができる基礎能力を身につけていると判断されるためである。実際プログラムA（中級）受講者が、その後の課題研究でプログラムB（上級基礎）、プログラムC（上級）受講者のそれに比しても遜色のない優れた論文発表をする例も多い。このことは、ELPのカリキュラムが、どの分野に進む学生にもその後のリベラル・アーツ教育の土台となる最重要の基礎的学問能力を習得させていることを証している。

3. 海外英語研修プログラム[2]

　ELPで学んでいることを英語圏の大学で試し、英語圏の文化に触れ、大学での英語の実際を経験する機会として SEA (Study English Abroad) Program と称する海外英語研修プログラムが毎年実施される。英語を集中して学ぶことと共に、在学中一度は留学を経験して異文化に触れる機会を持つことが推奨されており、卒業用件の単位として認められるため、大学の選択からプログラムの内容、参加者の選考と振分けまで、教員、職員、行政部が深く関与している。

　海外英語研修プログラムで修める科目は、1年次は秋、冬の Communicative Strategies に相当する2単位と、選択科目として数えられる Overseas Communication Strategies 2単位で計4単位、2年次は2年次必修の Theme Writing と Sophomore English の4単位である。2005年度は、1年次がセント・マイケルズ大学、カリフォルニア大学デーヴィス校、タフツ大学(以上アメリカ)、ヴィクトリア大学、ブリティッシュ・コロンビア大学(以上カナダ)、リーズ大学ヨーク・セントジョン校、エディンバラ大学(以上イギリス)、ダブリン大学(アイルランド)、ワイカト大学(ニュージーランド)、ラ・トローブ大学(オーストラリア)の10校で計214名、2年次がウィスコンシン大学ミルウォーキー校、ワシントン州立大学(以上アメリカ)、ヴィクトリア大学(カナダ)、エディンバラ大学(イギリス)の4校で計60名である。参加条件として入学以前英語圏で教育を受けたことがないこと、ELPの成績、GPA（成績平均点）、TOEFLスコア、面接試験結果などが基準に達していることが求められる。

　1年次のプログラムは、春学期を終わった時点での参加であり、入学直後から概要のオリエンテーション、資料閲覧、申込書提出、面接などが忙しい授業の合間をぬって行われる。参加決定後は二度のオリエンテーション、旅行会社オリエンテーション、行く先によってビザの取得など煩雑な用事が控えている。数ヶ月前まで高校生や予備校生であった学生たちが、4月から個人で夏の海外英語研修プログラムに応募しようとしても締切りに間に合わないことを考えれば、入学直後の夏にこのような機会が備えられていること

は、1 年次の学生には大きなメリットである。ICU に入学したこと自体が異文化体験であったと述懐する学生が多いが、海外研修プログラムは実際にどのように英語が使われているかを見聞できる機会であり、英語圏で現地の文化に触れ、学問の場で自己主張し相手の立場を理解する訓練を、その国で高度な教育を提供すると評価されている大学で受けることができる。

　事務一般は国際教育交流室のスタッフが担当し、英語科兼担教員から選出された海外英語研修プログラムコーディネータが授業内容、参加者の選抜、成績評価まで詳細な打ち合わせを幾度も繰り返し、6 週間で可能な限り有益な学びと経験ができるよう配慮している。国際教育交流主任、英語教育プログラム主任、副主任、海外英語研修プログラムコーディネータは、常にプログラムの詳細や現地スタッフとの連絡、学生への助言などにあたり、夏の研修期間中には ELP 教員も加わって数名が手分けして各校を訪問し、学生たちの様子とプログラムの進行具合を確認する責務も負う。このようにして、ICU で受けるはずのプログラムの内容と同等またはそれ以上の内容を受けられるよう配慮しており、参加する学生たちの満足度も高い。さまざまな国や地域からの学生たちとの寮生活やホームステイにより異なる価値観を受け入れ、日本人としてのアイデンティティを確認する。また、帰国してから ELP に対する意欲も増し、積極的に英語で開講される授業を履修しようとするし、夏に単位を修めた分、ICU に戻ってからの履修にゆとりが生じることも利点である。

　英語が学問の世界の共通語となった今日、大学での学びの始めに、学問をするための道具として ELP で英語を学ぶことは、海外英語研修プログラムや 1 年間の交換留学で更に深められ、将来にわたって新しい世界で知識を吸収し視野を広げるための基礎を形成する。帰国後提出する報告書に異口同音に見られる、「6 週間は短すぎた。帰りたくなかった」という意見や、オリエンテーションで前年度参加した学生たちが後輩に熱心に成果を語る姿に、海外英語研修プログラムが果たす役割が如実に現れていると言えるだろう。

4. カリキュラムの全体像

　ELP カリキュラムを構成するコースがどのように配置されているかをまとめたものが図4である。なお、前節で紹介された海外英語研修プログラムは図の中に表示されていないが、単位取得の点でコース履修と同等に扱われている。

　ここで強調すべき点は、各コースは独自の目的を持ちつつ、独立に存在しているのではなく、トピック、技能、単位、テストなどにより互いに有機的につながっており、統合的アプローチをとっていることである。たしかに学術的活動に必要な英語運用能力を身につける際、読む・聴く・話す・書くといった4技能をある程度分類し、それぞれを集中して訓練することは重要である。しかし、コースや履修時期が分かれていることにより学習自体が分断されてしまう恐れがある。ELP のカリキュラムはそれを防ぎ、学生がコース間のつながりを意識しながら学習できることを狙いとしている。この「コース間の有機的関連と統合」は、ICU が考えるリベラル・アーツ教育そのものであり、このカリキュラムにより、多種類の英語のコースを同時に履修することと、効率良く学習を進めて行くことが可能になっている。

5. 成績と単位

　ELP の成績・評価については、その性格上、具体的、包括的な情報開示はできないが、ELP カリキュラムの全体解説として必要と考えられる部分を以下に略述することとする。

　有機的に関連しあうコースを持つプログラムであるがゆえに ELP の成績・評価は自然と複雑にならざるを得ないが、基本的に以下のようになっている。まず、ELP1年次履修のコースに関しては、**Academic Reading and Writing, Reading and Content Analysis, Communicative Strategies** の3部門に対して1年次の終わりにそれぞれ成績が与えられる。学生は1年間自分の成績がわからないことになるが、代わりに中間成績という形で各学期の学習結果が12段階で評価される[3]。学生は春学期、秋学期の終わりに

Chapter 4»

```
                    ┌─────────────────┐
                    │ リベラル・アーツ教育 │
                    └─────────────────┘
                              ▲
    ┌ ─ ─ ─ ─ ─ ─ ─ ─ ─ ─ ─ ─ ─│─ ─ ─ ─ ─ ─ ─ ─ ─ ─ ─ ─ ┐
    │     ┌──────────────┐      ┌──────────────┐      │
    │     │Theme Writing │      │Sophomore English│   │
    │     └──────────────┘      └──────────────┘      │
    │                   2年次カリキュラム                  │
    └ ─ ─ ─ ─ ─ ─ ─ ─ ─ ─ ─ ─ ─ ─ ─ ─ ─ ─ ─ ─ ─ ─ ─ ─ ─ ┘
```

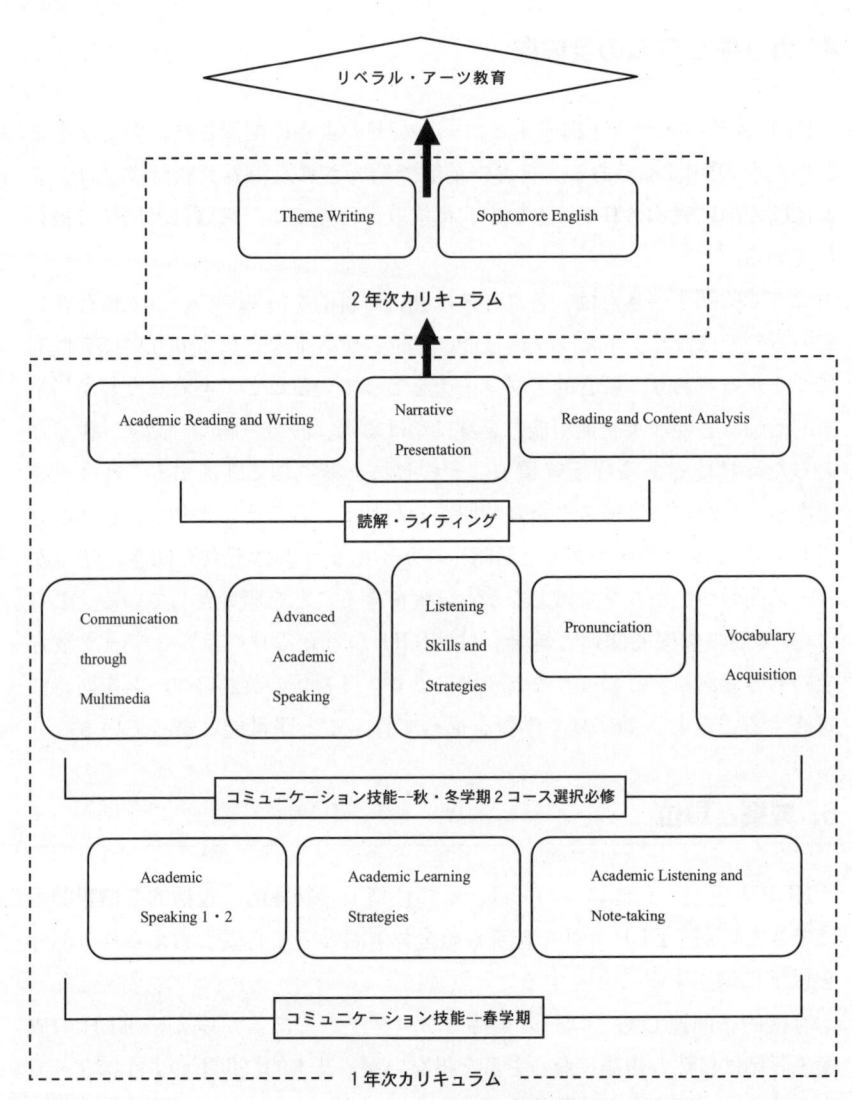

(ELPカリキュラム全体構成図 — 1年次カリキュラム部分:
Academic Reading and Writing / Narrative Presentation / Reading and Content Analysis
読解・ライティング
Communication through Multimedia / Advanced Academic Speaking / Listening Skills and Strategies / Pronunciation / Vocabulary Acquisition
コミュニケーション技能--秋・冬学期2コース選択必修
Academic Speaking 1・2 / Academic Learning Strategies / Academic Listening and Note-taking
コミュニケーション技能--春学期
1年次カリキュラム)

図4　ELP カリキュラム全体構成図

≪ELPのカリキュラム

それぞれ中間成績の通知を受け、1年の終わりに最終成績を受け取ることになる。また秋学期は春学期の学習を前提とし、冬学期はそれまでの2学期の学習を前提にカリキュラムが組まれていることから、最終成績に占める割合は、冬学期が1番大きい。2年次履修のコースに関しては、それぞれ履修学期の終了時にAからDまでの成績が与えられる。

さらに、成績はプログラム別に出されることにも言及しておく。英語運用能力に関してスタート地点が異なる学生の学習を公平に評価するためと、またプログラムによって学ぶ内容や課題が異なるため、各プログラム内での評価基準に照らし合わせて成績が決定する。ひとつのプログラム内に複数のセクションがあり、複数の教員が教授担当していることもあり、プログラム内での評価の基準を統一し、公平性を保つことが重要になる。これに対してはいくつか方策がとられているが、そのひとつに **Program-wide test**(プログラム共通テスト)がある(前出表1及び第3章5.7.4参照)。この時間は、プログラム別・コース別に作成された統一テストを、セクションにかかわらずそのプログラムに属する、またコースを履修しているすべての学生が受けるために設けられている。統一テストの成績がコースの最終成績の一部になることで、評価の公平性だけでなく、教授内容の統一化にも役立っている。加えて、コース、プログラム毎の共通シラバスや評価基準の設定、小論文の評価基準を統一するための会議など、評価の公平性には充分な注意が払われている。

最後にELPでの学生の学習を単位取得という面から見ておく。表3はELPにおける履修単位数の一覧である。ICUの卒業単位136に占めるELPの割合の大きさがわかる。

注目すべき点は、**Academic Reading and Writing** と **Reading and Content Analysis** の2コースに関しては、単位認定が通年の履修によって行われていることである[5]。通常のICUの単位取得システムが学期ごとに成り立っているのに比して、学習時間数や単位数といった枠組みが大きく、通年履修という独自のシステムを持つという事実は、ELPカリキュラムの中核を成すこの2コースの履修の重要度を示すものである。

Program A	単位数		単位数	合計
Academic Reading and Writing	8	Theme Writing	2	
Reading and Content Analysis	6	Sophomore English	2	22
Communicative Strategies	4			

Program B				
Academic Reading and Writing	8	Theme Writing	2	
Reading and Content Analysis	6	Sophomore English	2	22
Communicative Strategies	4			

Program C[4]				
Academic Reading and Writing	8	Theme Writing	2	
Reading and Content Analysis	4	Sophomore English	2	16

表3　ELP 履修単位数

Academic Reading and Writing, Reading and Content Analysis の単位には Narrative Presentation と Tutorial が含まれている。

6. おわりに

　基礎的学問能力ならびに学術的な英語運用能力獲得の場である ELP のカリキュラムについて、大まかではあるが、説明を試みた。コース構成、履修システム、単位取得のどの点から見ても、複雑にさまざまな要素が絡み合ったプログラムであることがおわかりいただけたことと思う。次章からは、ここで述べた各コースを、シラバスや実際の授業風景と合わせて詳しく紹介して行く。それぞれのコースがカリキュラムの中でどのような役割を果たし、互いにどういう関連性を持って全体として統合的プログラムを作り上げているか、また ELP が ICU の目指すリベラル・アーツ教育をどのように支えているか等を具体例をあげて解説して行くこととする。

注

1.（Tutorial）は個人指導の時間で、毎週は行われない。
2. 本節は守屋靖代が執筆担当した。

3. 具体的には A⁺、A、A⁻、B⁺、B、B⁻ 以下 D⁺、D、D⁻ までの 12 段階である。ただし Communicative Strategies の成績は、+ − のない、大学全体で用いられる評価に準じた A から D の 4 段階評価で表される。
4. プログラム C（上級）のカリキュラムには Communicative Strategies は含まれない。
5. 通年のカリキュラム履修をするのはプログラム A と B の学生であり、プログラム C は春・秋 2 学期のカリキュラムを履修する。

参考文献

English Language Program. (2005). *ELP staff handbook 2005–2006*. Tokyo: International Christian University.
国際基督教大学国際教育グループ(編)（2004）『海外英語研修プログラム』

Chapter 5

Academic Reading and Writing[1]
読解と論文作法　　　　　深尾暁子
Ged O'Connell

1. はじめに

　ELPでは「読む」と「書く」という2つの学習活動が別々に行われるのではなく、ひとつのコース、同じ教員によって指導されている。その学習の中心に位置づけられるのが Academic Reading and Writing の授業で、このコースの最大の特徴は、英語で読む技能と書く技能の2つを「批判的思考能力」と関連させて教えているところにある。英語を母語とする教員との週3回の授業に加え、個人指導の時間が設けられ[2]、単位数も年間8単位とプログラムの中で最も多い。ここでは、Reading and Content Analysis と並んで1年次 ELP カリキュラムの中核を成すこのコースの目的や教授方法の解説を交えながら、実際の教室活動を紹介して行く。

2. Academic Reading and Writing の特徴

　本コースの説明に入るにあたり、まず学習目標である「批判的思考能力」「読解力」「ライティング力」それぞれについて、その意味するところと指導上の主だった特徴を以下に紹介する。

▷2.1　批判的思考能力育成のためのテーマ

　表1は ELP 履修生が学習する1年間のテーマと、各テーマに関して Academic Reading and Writing が学習目標として掲げている批判的思

学期	テーマ	批判的思考能力の学習目標
春	大学教育の価値	客観的・批判的思考とは何かを理解する
	文学	主観的に書かれたものを解釈し、その解釈に対する根拠を提示する重要性を学ぶ
秋	認知・文化・コミュニケーション	文化的に規定されたものの見方とその多様性を学ぶ
	人種にまつわる諸問題	科学的視点の重要性を認識する
冬	生命倫理	信念・感情・倫理観に基づいた議論を分析し、意見の一致を必ずしも目的としない討論を経験する
	未来へのビジョン	現状認識を根拠に、未来予測をたてる方法を学ぶ

表1 学習テーマと関連した批判的思考能力

考能力をまとめたものである。

　これらの学習テーマが、学問的なトピックであり、ICUの教養学部で学んで行く学生たちに、さまざまな分野で展開する一定水準の学問知を紹介する役割を負っていることは明白である。しかしここで強調しておきたいのは、ELPがこれらのテーマを選択している主な目的が、文学や社会学といったいわゆる専門分野への導入ではないということである。重要なのは、大学での学びに不可欠な考え方、つまり情報を整理し、客観的・複眼的に吟味するという批判的思考能力を高め、メタ的視点を獲得することであり、その過程を効果的に、興味をもって学習できるように、テーマが設定されているということである。例えば、春学期最初のテーマである「大学教育の価値」が教育学入門ではなく、批判的思考能力獲得への導入という学習目標と関連づけられているのは、まさにこの理由による。換言すれば、どんなテーマであっても、それについて考えるにあたり、学際的に、メタ的視点から議論できる姿勢を育成することがAcademic Reading and Writingの目標とするところである。そして、第2章でも述べられている通り、これらの批判的思考能力ならびにメタ的視点の獲得は、リベラル・アーツ教育を理念とするICUで学ぶ学生が身につけておくべき基礎的学問能力に他ならないのである。

>2.2 読解指導の特徴

　Academic Reading and Writing で行う読解指導の特徴として、多読のアプローチと、学問的な読解資料を教材として使用することがあげられる。学生は通常、ひとつのテーマにつき1万語程度の読解資料を、2つ読むことが課せられる。時には補足の読解資料をさらに多量に渡されることもある。1学期(実質9週間)、週3回の授業で2つのテーマを扱うことを考えるとその量の多さがわかるだろう。

　英語教育研究の分野で「多読」と言えば、読むことにおける流暢さを養う目的で行う指導であり、学習者の語彙レベルに合わせてやさしく書き直した文学作品や学習者にとって身近な題材を扱った教材を、多量に読ませるのが一般的な方法である。分量を多く読むという点では、ELPでの指導は、この「多読」の定義に当てはまるが、学生が辞書を引かずに読めるような英語学習者向けの教材を使用しない点で大きく異なる。詳しくは第3章4.1.1で述べた The ELP Reader の説明を参照されたいが、読解資料には英語を母語とする一定水準の教養ある読者を対象に書かれたものを使用している。

　そもそも学術活動における読解資料の役割とは、あるテーマについてこれまでどのような研究が行われ、どのような意見が論じられてきたかを紹介したり、それに対する新しい視点・意見を提供したりすることにある。実際の学術活動で使用され得る教材を用意することは、それを通じて読解・分析・評価の仕方を学び、最終的には学生たちがそのレベルの論文を作成する能力を体得することを狙いとしている。英語という点だけに限って見ると、学生の語彙レベルを遥かに超えた資料が多いが、英語で学術活動を行うとはどういうことかを考えて行く上で、最も重要なポイントのひとつであることは言うまでもない。いわば、読解資料が「このテキストを読めるようになれば、英語で開講されているいかなる授業でも受講することができ、さらに高次の学術活動を行うことができる」という指標になっているのである。以上のことから、Academic Reading and Writing で教材として使われる資料は、テーマへの興味を喚起し、理解を深め、考えの発展を促進するような内容であることが求められる。また複数の論点・異なる視点を提供するように、複数の資料が選択されている。

Academic Reading and Writing で多読の指導を行う理由のひとつに、多量の資料を短時間で読みこなす理解力を持つことは、大学で学んで行く上で不可欠であるということがあげられる。その能力を身につけるためには、学生がそれまで慣れ親しんできた読み方の習慣を離れ、より実践的な読み方へ移行する必要がある。一語一句丁寧に辞書を引きながらという読み方では対処しきれない量を読むことで、重要な論点を中心的に拾う読み方を体得しなければならない。実際、高等学校までとは難易度、分量共に桁違いの読解資料に圧倒され、春学期には「単語がむずかしすぎる」「量が多くて読めない」と悲鳴をあげる学生も、次第に「何のために読むのか、重要な情報はどこか、それほど重要でない情報はどこか」という新しい読み方の指導を受け、自分なりの読み方を模索して行く。こうして「読む」能力を量的にも質的にも高め、積極的に資料と関わる姿勢を身につけて行くのである。

以上をまとめると、Academic Reading and Writing における読解力とは、資料が提供する情報を受身的に読むことではなく、自分の考えや知識、経験などと関連させて読む方法の学習も含めた多読力のことを指すと言える。読む力における正確さ（accuracy）に重点を置く Reading and Content Analysis に対し、流暢さ（fluency）に焦点を当てているのが Academic Reading and Writing の読解指導の特徴である。

>2.3 ライティング指導の特徴

Academic Reading and Writing ではテーマごとに必ずライティングの課題が出され、学生は読解資料、ディスカッション、講義などを通して発展させた批判・分析・評価、ならびに自分の考えを自分のことばで表現することを要求される。英語を使って構成の整った文章を書いた経験の少ない、または皆無に近い学生が、書くことと考えることの関連性を模索することから始まり、大学の授業で課せられるさまざまなライティングの課題の意義やその書き方を学び、文献リサーチの重要性とその方法、そして論文作成法までを1年間で身につける。1年間という短期間でその実現を可能にしているのが、段階的に到達目標を設定し、重要な技能を繰り返し練習するように計画されたシラバスである。表2に示されるように、学生はまずライティン

グの基礎となるパラグラフの書き方を集中的に学び、次に300〜500語程度のAcademic Reaction Paperの書き方を学ぶ。Academic Reaction Paperとは大学で頻繁に出される課題で、読んだ資料の概要を説明し、それに自分なりの批判的分析を加える形式のライティングである。学期が進むごとに少しずつ課題の難易度や分量が上がり、1) 短いものからより長いものへ、2) 単独資料から複数資料へ、3) 身近なトピックからより抽象的なトピックへ、4) 主観的な意見の提示から包括的な議論展開へと、学生のライティング力の向上に合わせた繰り返しと積み重ねの段階的なシラバスに沿って指導が行われているのである。

学生が学期ごと、またテーマごとに異なったライティングの課題を与えられることは前述した。書く量や課題の形式は異なっても、変わらないのが複数回原稿を書き直すというプロセス重視のアプローチである。ライティングのプロセスとは、アイディア抽出から始まり、焦点を選び、要点を支える適切な例を選択し、論理構成を決定し、実際の原稿を推敲して最終稿にするまでである。書くということは考えをことばにして確かめる作業であるが、書いて確認することにより更に考えが深まり発展させて行くという学習活動は、基礎的学問能力の表現的側面の集大成として結実する。

学期	ライティング課題	
春	パラグラフの書き方	
	Academic Reaction Paper 1 (300〜500語)	使用資料数1
	Academic Reaction Paper 2 (300〜500語)	使用資料数1
	Academic Reaction Paper 3 (300〜500語)	使用資料数1
	エッセイ (: 小論文) (700語)	使用資料数1
秋	Academic Reaction Paper 1 (300〜500語)	使用資料数2以上
	エッセイ (: 小論文) (800語)	使用資料数2以上
	Academic Reaction Paper 2 (300〜500語)	使用資料数2以上
冬	エッセイ1 (: 小論文) (800〜1000語)	使用資料数2以上
	エッセイ2 (: 小論文) (800〜1000語)	使用資料数2以上

表2 主なライティング課題 (プログラムAB共通・2005年度)

書くプロセスを重視したアプローチをとる上で切り離せないのが、週に2コマ設けられているTutorialと呼ばれる個人指導の時間である（第4章表1参照）。「たくさん読み、書く量を増やしさえすればライティングが上達するということはない。自分の書いたメッセージはどう伝わるのか、どのような改良を加えることでより力強い文章になるかに関しての他者（＝読者）からのフィードバックが必要である」（Goldstein、2004、p. 64)[3] とあるように、このフィードバックの機会のひとつとして、学生ひとりひとりと教員が、著者と読者という立場で話し合うTutorialは非常に重要な役割を果たしている。その役割を一言で言うなら、個々の学生の長所や弱点を正確に把握することで、より効果的に、より細やかに、学生の英語による表現力の育成を助けることにある。その内容や方法については後述する。学生による授業評価の「役に立った」という項目の回答で、Tutorialが毎年高い評価を得ていることからもその重要性と有用性は、学生にも充分に認識されていると言えるだろう。

3. 授業の流れ

批判的思考能力の育成を中心に、読解力、ライティング力といった英語運用能力を高めることを目的とするAcademic Reading and Writingの授業は、常時約20名近くの英語を母語とする教員が受け持っており、各教員は担当セクションの学生の反応などを見ながら独自の授業を展開している。しかし、教授内容に統一性を持たせ、セクション間の公平性を保つためにも、授業の流れ、課題、試験に関してはプログラム共通ガイドラインが定められ、担当教員はその枠の中で授業を行うことになっている。図1に示されている授業の流れに関するガイドラインを1) 導入、2) 読解と討論、3) ライティングの3つの段階に分けて説明を試みる。

>3.1　導入（Pre-reading Stage）

新しいテーマについて学び始めるにあたり、学生はまずそのテーマについて考えることが求められ、それと並行して、読解資料に取り組む上で必要と

```
                     討論・口頭発表         小論文作成
           多読           │                │
            │          意見分析・評価      個人指導    学生相互評価
          講義
    ━━━━━━━━━━━━━━━━━━━━━━━━━━━━━━━━━━━━━━━━━━▶
              トピックに関する意見構築のプロセス
        ▲               ▲                    ▲
   導入(Pre-reading)  読解と討論(Reading & Discussion)  ライティング(Writing)
```

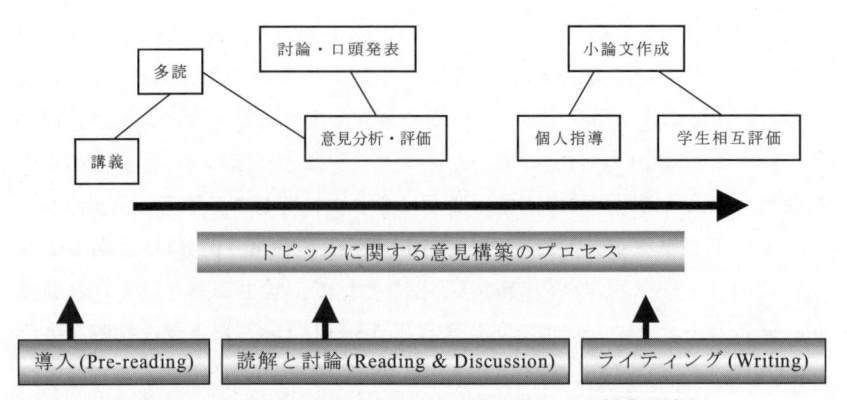

図1　Academic Reading and Writing での授業の流れ

なる背景知識、基本概念、論点や用語の定義などについての授業を受ける。テーマ関連の新聞・雑誌記事の紹介、教員による短い講義、読解資料の読み方に関する注意点の確認、学生同士による簡単なディスカッションなど導入の方法はさまざまである。学生の興味を喚起し、背景知識を提供すると共に、テーマと学生自身の知識との関わりを意識させ、読解資料を読む準備の役割も果たすこの導入段階を Narrative Presentation が受け持つこともある。

>3.2　読解と討論（Reading and Discussion Stage）

　テーマへの導入後、分量の多い読解資料を読み、討論を通して内容の吟味を行うのが次の段階で、学生は Reading and Content Analysis で学んだ分析読解の方法などを駆使して Academic Reading and Writing での多読に臨む。「読んだもの・受け取った情報に反応する」という学習活動は多くの学生にとってなじみの薄いものである。自分より知識のある著者が書いた情報や印刷された情報への信頼が高い学生は、「疑問はない。著者の意見は正しいに決まっている。おかしいところは見つからない」という当然の反応を示す。こういった学生のために、客観的に、また積極的に情報と関わる方法として、Reaction Journal と呼ばれる課題が設けられ、疑問点や著者の考えとの相違点、自分の考えの推移やクラスで話し合いたいことなどを

Reaction Journal

As you read the ELP texts, you should annotate your textbook. However, if you examine a text deeply and critically then the margins of the textbook will not be enough for all of your questions and comments. So, in addition to annotating the text, you should also keep a Reaction Journal.

The Purpose of a Reaction Journal

Below is a list of specific reasons outlining why a Reaction Journal is an important element in the process of reading and understanding academic texts.

- To help you understand the reading
- To help you identify key quotes/vocabulary
- To help you find what you don't understand
- To prepare you for discussions
- To develop your analytical and study skills
- To develop your critical thinking

Possible Ways of Reacting

The key to this assignment is your reaction! React by writing down your questions about meaning, language, culture, style, or the author's ideas and opinions. Agree with the author and give your reasons. Disagree with the author and give your reasons. Add your own examples from your own experience. Connect an idea to your life; past, present, or future.

- Write down any questions you have about the reading.
- Comment on the content or ideas in the reading.
- Comment on the point of view of the author.
- Write about any agreements or disagreements you may have with the reading.
- Show what you do not understand about the reading.
- Select some quotes you think are important and give your opinion about them.
- Use diagrams, pictures etc. to illustrate your reaction.
- Include a section on new/key vocabulary for the reading.

Using the Reaction Journal

Your Reaction Journal is an important part of class discussions. Please bring it to class and use it to help you give your opinions about the readings, get answers to your questions and generally stimulate discussion with other students.

資料1 Reaction Journal の書き方の指導プリント

記録するよう指導される。資料1は春学期に使用されるReaction Journalの書き方についての説明である。

　Reaction Journalを習慣として書き、自分の意見や質問をクラスで発表したり、クラスメートとのディスカッションをしたりすることで学生たちは次のことを学んで行く。すなわち、テーマによっては著者と意見を異にするのは自然であること、また著者の意見と同じように自分の意見も評価・分析の対象となることを。つまり、情報を鵜呑みにするのではなく、批判的思考力を使って情報と積極的に関わり、自分なりの意見を構築して行く方法を身につけて行くのである。また母語としてそのテーマを理解する文化的基盤を有する教員がこのコースを指導することが、国際的な視点を含んだ、より複眼的な内容のディスカッションを可能にしている。「読んだものに対して反応する」というこの段階は、読解資料に対する理解をより深めると同時に、ライティングの課題への導入という目的も果たしている。

>3.3　ライティング（Writing Stage）

　読解と討論の段階で著者との批判的対話を目標とした読み方を経験した学生は、この段階で今度は著者として読者と批判的対話を経験することになる。つまり、「この筆者は読者に何を伝えようとしているのか」「この論点をサポートするのに例の選び方は適切か。説明は十分か」と読解資料の批判分析に投げかけた疑問が、今度は自分の書いたものに対しても読者（他の学生、教員）から投げかけられ、筆者（表現者）としてその疑問や批判に応える責任があることを経験するのである。「読者の目」を意識し、自分の書いたものに対して読者からどういった疑問が出る余地があるか、読者を説得するためにどういう説明が必要かといった点について、クラスでの討論やクラスメートからのアドバイス、さらには教員との個人指導が行われる。この「読むことと書くことは表裏一体である」ということの構造的理解は、読むことから書くことへの一連の流れを繰り返し経験する中で獲得される。これが、読む技能と書く技能を関連させたコースを1年という時間をかけて履修させる理由である。学生も「歯車が合うとまわりだすように、その過程を繰り返すことで、数回では理解できなかったことも1年かけて確実に自分のものに

することができました」(国際基督教大学、2005、p. 22)とコメントしている。

4. 授業風景

　Academic Reading and Writing のコースの特色をより良く理解するためには、このコースで実際にどのように教室活動が進められ、学生がどう学んでいくのかを、上述した授業の流れに沿って見るのが有益であろう。そこで前述の3「授業の流れ」1〜3と同じ項立てを意識的に踏襲することとする。O'Connell（オコネル）が担当するプログラム B（上級基礎）のクラスを例にとり、教員と学生の関わり、学生が出会う困難やそれに取り組む様子などを交えた授業風景の描写を以下に試みる。このコースが目標とするのは批判的思考能力を養い、読む技能・書く技能を高めることである。

＞4.1　導入（Pre-reading Stage）

　ここで取り上げるのは2005年度秋学期最初のテーマ、「認知・文化・コミュニケーション」である。学生は長い夏休みを終えて大学に戻ったばかりであり、夏休みの間に海外英語研修プログラムなどで外国の文化に触れる体験をした者も多い。このテーマで目標となる批判的思考能力は表1（p. 63参照）に示したように、「文化的に規定されたものの見方とその多様性を学ぶ」である。見たものや経験したことを文化や経験といったフィルターを通して認知・解釈していることを意識的に体験するのが学習目標のひとつである。加えて、解釈の根拠を検証するという春学期からの客観的・批判的思考力をさらに伸ばすことも引き続きの目標となっている。大学における学術活動は、「およそ議論の対象になりうる事柄は意見の不一致を前提としている」ということを踏まえてこの授業は進められる。議論は正しい・間違っていると白黒で判断するべきものではない。どこでどう意見が分かれるのか、そして異なる見解の源にあるのは何かを探求することが学生たちに課せられる。

　新しいテーマへの導入を目的とした最初の授業では、しばらく英語を使う生活から離れていた学生たちが、英語でコミュニケーションをとる授業に再

Chapter 5>>

> **Culture, Perception and Communication**
> **Pre-reading Activity: Prove It!**
> *Stand up, walk round the class and talk to as many people as necessary to prove or disprove these statements:*
> 1. The majority of people in the class believe that a smile means the same thing in every culture.
> 2. Everybody I talked to thinks that all human beings are similar.
> 3. Somebody in this class thinks Japanese people are shy.
> 4. Almost everybody in the class believes that if you learn the language of another group of people you will understand those people.
> 5. At least five people in the class believe that increases in contact with people from other cultures through travel, student exchange programs, and joint business ventures will always result in better understanding and friendship.
> 6. Somebody in this class thinks Arabs are highly emotional.
> 7. Everyone in the class thinks that British people are polite.
> 8. Only one person in the class thinks that stereotypes are stumbling blocks to intercultural communication.
> 9. Somebody in the class believes that the way Japanese people live their lives is better and more natural than the way people live their lives in other countries.
> 10. Nobody I talked to believes that Americans are 'loud'.
> 11. At least five people in the class have experienced culture shock.

資料2　Pre-reading Activity 用のプリント

び慣れるために、クラスメートと協力して行う教室活動がふさわしい。授業では、まず資料2のプリントが学生に配られた。

　文化的ステレオタイプを含んだ1から11までの文は、そのほとんどが読解資料から抜粋されており、典型的なステレオタイプに触れるというテーマ全体への導入のみならず、資料への導入の役割も果たしている。学生はそれぞれの文にあらわれるステレオタイプに対するクラスメートの意見をインタビューを通じて集約するという、口頭表現の課題に取り組むことから授業に入る。

　グループに分かれた学生たちは、まずグループでこの課題をどうやって達成するかを話し合い、手際よく役割分担を決めた後に、インタビューに取り

掛かった。この時点で大抵の学生は11の意見が同じように証明しやすいわけではないこと、証明しやすさは every, only one といったことばの違いから発生していることに気がついたようだ。例えば nobody, everybody といったことばがステレオタイプにつながる絶対的な表現を生み出すのに対し、almost everybody, the majority, at least といったことばは白黒はっきりつけられない内容を正確に伝えるのに役に立つということを。実際にインタビューを行った後に、再びグループで持ち寄った情報を報告し合い、今度は11の意見をインタビューの結果に即した内容に書き換えるという課題に取り組んだ。例えば 7. **Everyone in the class thinks that British people are polite.** という文中にある everyone を the majority, most, several, hardly anybody などのことばに置き換えることで内容的に正しい表現になることなどを話し合った。インタビュー結果と気がついたことを各グループがクラス発表した際には、内容の正確さと表現の選び方の関連性・重要性が担当教員によって強調された。

>4.2　読解と討論（Reading and Discussion Stage）

　導入段階を経て、学生は The ELP Reader に収められた3つの資料の読解に入る。学生には、11ページある第1の資料全体を読んだ後、「おもしろいと思ったところ、大切だと思った箇所と、自分の感想を Reaction Journal に書いて、話し合う準備をしてくること」という課題が提示される。これは導入のクラスを踏まえて、学生が資料と自由に向き合う時間を持つことが、次の授業での活発な討論に貢献するからである。11ページの資料は2、3日で読むにはハードだが、春学期で多読の仕方を学んだ学生にとっては充分に読める量である。

　次のクラスで学生は、まず読解資料の内容に関する文を読んで、どれが「正しい」文か「誤った」文かを少人数のグループで話し合うという課題に取り組む。読解資料の正確な理解を確認するための初歩的ディスカッションである。学生が吟味する文には読解資料の内容と明らかに違うものもあれば、推測してその正誤を考えさせる文も混ざっており、また学生の間に議論をかもし出すような内容の文も入っていた。例えば、"Failure to understand nonverbal signs and symbols can cause communication problems."という文をめぐって、学生の間で次のような意見交換が見られた。夏休みの間に海外英語研修プログラムで異文化体験をしてきた学生たちは、身振り手振りのコミュニケーションがどのような誤解を生んだかを、自分の経験を基に具体的に説明する。その一方で、自分たちの意見構築以前に、著者の意見の正しい読み取りが大切だと言うことも忘れていない。そこで読解資料に"The lack of comprehension of nonverbal signs and symbols that are easy to observe — such as gestures, postures, and other body movements — is a definite communication barrier"（Barna、1994）という文に注意が向けられ、答えは「正しい」であると確認された。しかし、その時、ひとりの学生から、「著者の言うように、非言語メッセージは"easy to observe"であるのか」という疑問が出された。見えているからといって注意して見ているとは限らない、というのである。ディスカッションにオコネルが加わり、例えば首をかしげるという動作は、わからない・考え中というメッセージを伝えることを指摘する。学生は一様に「ああ、そうか！」と反応し、自分たちが生活の中で身につけたジェスチャーの意味に対して、いかに各自が無意識であるかを再認することとなった。

　この課題は単なる正誤問題のディスカッションではなく、そこには深く隠された意図があったことをわかっていただけるだろうか。つまり、理解とはすなわち解釈に他ならないことを体験することである、と。互いの理解が食い違う場合、学生はともすればどちらかが「正しく」どちらかが「間違っている」と思いたがる。ただ、正誤の基準で理解を測ったのでは表面的な理解に留まることになる。自分の解釈は他人とどう異なり、自分の解釈はどこから来るのか、他人の解釈の根底にあるのは何か、そこのところを議論の対象にすることで深い理解に導くのが真の狙いだったのだ。この討論を通して学生たちは、「読む」というのは非常に個人的な体験であり、解釈の違いは言語表現や理解の正確さの違いからだけで生まれるわけではないこと、ネイティブ・スピーカーの読者の間でも同じような解釈の違いが起こり得ること、解釈の根拠を見極める必要があること、さらに解釈は訂正可能であり、より深く、より広く理解を進めて行くためには他人の意見に触れ、自分の解

釈を再吟味することが大切になることなどを体感した。加えて、解釈の違いを生む一要因として文化があり、文化的に規定された解釈に対しては、自分自身でも看過していて、別の観点からの新しい解釈を阻むことがあるということを学んだ。

　読解資料を読み進める過程において、学生が Reaction Journal に記録してきた自分なりの解釈、疑問点、意見などを話し合う機会がクラスで幾度も設けられた。読解資料を自分の経験や意見とどう結びつけて読み取ったのか、また同じ資料をクラスメートはどのように解釈し、どのような疑問を持ったのかについて情報交換を行うためである。多くの学生がジャーナルに記録したのが、"Another reason many people are lured into thinking "people are people" is that it reduces the discomfort of dealing with differences, of not knowing. The thought that everyone is the same, deep down, is comforting. If someone acts or looks "strange" (different from them), it is then possible to evaluate as wrong and treat everyone ethnocentrically." (Barna、1994) という箇所であった。以下にジャーナルに記録された学生の反応を抜粋して紹介する。なお、学生のコメントには加筆を差し控えた。[4]

- It is not clear for me the meaning of "people are people".
- I don't like the word "people are people" because it sounds like hypocrisy for me.
- "People are people" might reduce the discomfort of differences of not knowing, but it is dangerous to depend to think that people are all the same

上記3つのコメントは一見すると内容に関する単純な質問や反応のようであるが、クラスのディスカッションでは、質問者である学生自身がどう解釈したかやどうしてそう思ったかについての説明を求められることとなる。

- Even if someone looks strange, I don't think that it is treating everyone ethnocentrically.

この学生は、著者の仮定となっている考えに賛成しない旨を述べている。明

記されていない著者の意見の根拠になっている考えを見抜き、それに対して疑問を投げかけているのだ。

- Why does Barna think so? He does not demonstrate sufficient evidence. In my opinion it is much more possible that people would be more uncomfortable due to their idea of "people are people". The discomfort of making relationship worse is heavier than that of dealing with difference, of not knowing.

この学生も、著者の意見の根拠に問いを投げかけている。著者と正反対の意見を提示することで、著者と自分の意見を相対的に見ようとしている。

- I tend to think like this as well. It is too difficult to understand other cultures, such as beliefs, so I try to think "people are people" and simply keep away from understanding.

この学生は著者の意見にただ賛成するのではなく、自分なりの支持の理由（どうあるべきか、という是非論ではなく、何ができるか、という現実論）も明らかにしている。

- I heard this kind of stories on mass media so often, that's because I think it is true.

この学生も、自らの経験に基づいて著者を支持する理由を述べている。クラスでのディスカッションは本来のテーマである異文化間コミュニケーションを離れ、「マスメディアは信頼に足る権威か」という別種の論議になったが、そのような「脱線」をオコネルは歓迎する。「大切なのは、学生が読解資料の情報に触発されて、自分の興味や関心を広げて行くことにある」と考えるからである。

- Why do we feel discomfort when we deal with differences?
  How do we distinguish whether something is normal or strange?
  When we judge that something is strange, is there any prejudice?
  If so, what is it? And how can we deal with it?

この学生は、著者の意見の検証を根本的なレベルで問い直す質問を記した。単に著者の意見に賛成したり反対したりするのではなく、別の角度から見直すことで、述べられた意見に真剣に向き合おうとする姿勢が見られる。

- I had this idea when we did "Pre-reading Activity". However, I want to add a note. After hearing other students' idea, I was confused. We, human beings are human beings. It cannot be changed, but we are not the same at the point of idea, appearance, and so on. In daily life, I think everyone is not the same, so my opinion about "people are people" "everyone is the same" is waving now.

この学生は、ひとつのトピックについて考え続けることで変化して行く自分の考えを客観的に見つめ、何がその変化を起こしているのかについて述べている。

こうした学生たちの多様な意見交換が、この授業を活気あるものにしている点をご理解いただけると思う。「自分ではわかっていると思っていても、実際に他の人にわかるように説明しようと思うと、実は自分の理解もあやふやであったことがわかった」「自分では思いもつかない考えを聞けて刺激になった」といった感想を学生たちは口を揃えて言う。実際の討論の描写は控えるが、彼らは意見交換を楽しんだだけでなく、自分の解釈を相対化して見ることや、同意することが必ずしも議論の最終地点とならないことを、身をもって学んでいる。換言すれば、この授業に参加していることで学生たちは、ひとつの解釈が、分析・批判を通じてより高次の解釈に導かれることの学問的喜びを体験しているのである。

このように、クラスでのディスカッションに加え、読解資料の再読や、Academic Reaction Paper (ARP) の課題をこなすことにより、情報を吟味する経験を繰り返していった。その過程が、学生ひとりひとりがテーマと関連した自分の興味のある主題を取り出して行く上で、大きな役割を果たしているのである。

>4.3 ライティング (Writing Stage)

このテーマで出されるライティングの課題は「トピックに関連した主題を選び、2つの資料を使って800語でまとめる小論文を書く」というものであった。そのプロセスは教科書[5]に図解されている(図2)。

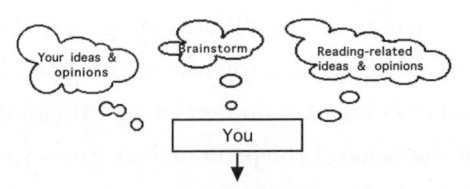

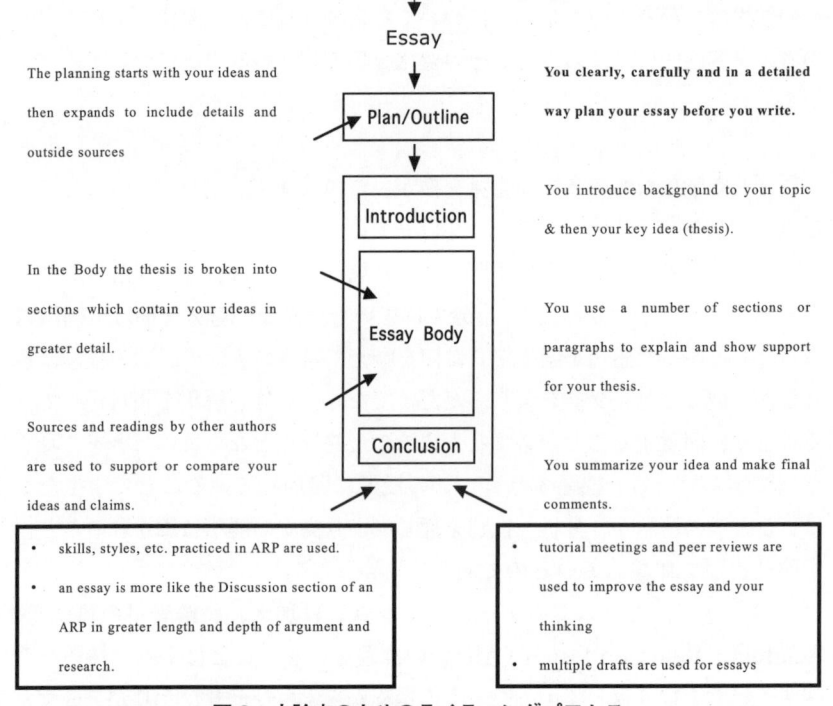

Chapter 5>>

```
   ┌─────────┐    ┌─────────┐    ┌──────────────┐
   │Your ideas│    │Brainstorm│    │Reading-related│
   │ & opinions│    │         │    │ ideas & opinions│
   └─────────┘    └─────────┘    └──────────────┘
                      ↓
                    ┌───┐
                    │You│
                    └───┘
                      ↓
```

Your ideas and topic is formed into one long sentence, the thesis statement. This is the central idea that you will explore in your essay.

↓

Essay

	↓	
The planning starts with your ideas and then expands to include details and outside sources	→ Plan/Outline	**You clearly, carefully and in a detailed way plan your essay before you write.**
	↓	
	Introduction	You introduce background to your topic & then your key idea (thesis).
In the Body the thesis is broken into sections which contain your ideas in greater detail.	Essay Body	You use a number of sections or paragraphs to explain and show support for your thesis.
Sources and readings by other authors are used to support or compare your ideas and claims.	Conclusion	You summarize your idea and make final comments.

- skills, styles, etc. practiced in ARP are used.
- an essay is more like the Discussion section of an ARP in greater length and depth of argument and research.

- tutorial meetings and peer reviews are used to improve the essay and your thinking
- multiple drafts are used for essays

図2 小論文のためのライティングプロセス

　同じ読解資料、同じクラス討論を経ていても、学生が選ぶ主題は実に多岐にわたる。数例を紹介すると、オーストラリアにおける多文化主義の幻想、日本における避難民の状況、帝国主義と西欧文化: スポーツ・芸術・音楽、イギリスにおける多文化教育、日本の中の異文化: 部落民、ネイティブアメリカンの異文化適応などがあった。[6] オコネルはまず、中心となる議論を1文で明確にまとめた主題文（**thesis statement**）を書いてくることを宿題

とし、授業では、学生は互いの主題文を評価し、より良いものへと書き換えるためのアドバイスを与えあった。学生のひとりは次のような主題文を書いてきた。"Japan should introduce the multiculturalism in a society and accept people from neighbor countries to contribute to peace keeping, and lead the globalization."[7] 800語の小論文の主題文としては議論すべきアイディアが詰まりすぎていることをクラスメートに指摘され、"Japan should introduce the multiculturalism to compose our society of different race, in order to help internationalized world with peace keeping." と書き直した。この例が示すように、どの学習過程においても、段階を踏まえて、より高次の理解・表現へと高めて行く指導法がとられている。

　この授業の次のステップは小論文の骨格（アウトライン）を決定することと資料検索である。この課題の主目的は、主題文をサポートするための論点の抽出と、それらの論点を客観的にサポートする資料を選び、論理的にまとめることにある。資料3は教科書にサンプルとして提示されているアウトラインである。

Ozone Depletion: Causes, Effects and Solutions

Thesis Statement:
The ozone 'hole', or depletion of the ozone layer, is a purely human-made problem, but also one that has its solution in our actions.

I. Introduction
　A. Background information
　B. Thesis statement
II. Origins of ozone problem
　A. Ozone and its role
　B. Chlorofluorocarbons (CFCs)
　　1. Sources
　　2. Effects on upper atmosphere ozone
　C. Industrialised nations
　　1. 'Throw away mentality'
　　2. Convenience

D. Developing nations
III. Effects of depletion related radiation
   A. Humans
      1. Skin cancer (melanoma)
      2. Eye cataracts
      3. Immune system (immunological suppression)
   B. Animals
      1. Immune system
      2. Food chain (plankton)
   C. Plants
      1. Lower food crop yields
      2. Extinction (coral)
IV. Areas of greatest risk
   A. In the Southern Hemisphere
      1. South America
      2. Australia
   B. In the Northern Hemisphere
      1. Japan
      2. Developing nations
V. Reactions to the problem
   A. Governments
      1. Local/national legislation
      2. Global treaties
      3. Incentives to industry
   B. Companies
      1. Self-monitoring/regulation
      2. Informed production/recycling
      3. Lobbying
   C. Individuals
      1. Protection
      2. Informed purchasing
      3. Lobbying
VI. Conclusion

資料3　小論文のためのアウトライン(例)

アウトラインを練る中で、多くの学生が論点・主題文の見直しや資料の再検討を迫られた。それは、自分の論理展開を客観的に見る練習がまだ不十分だからである。その学生たちが、アウトラインを互いに評価する過程で、自分なりの論理展開が他人にわかりやすいとも限らないことに気づいて行く。主題文と論点のつながりは明瞭か、論理的に情報が整理されているか、感情的な議論になっていないか、など彼らは互いに忌憚のない意見を交換しあう。この段階を経ることで、より確かな論理構成のアウトラインを構築することができるようになって行くのである。先の主題文を書いた学生は、アウトラインの相互評価をした後に、"Japan should introduce multiculturalism and accept people from countries, however the discrimination of other races is obvious in today's Japanese society." と主題文を書き換えた。更に、ライティングプロセスを体験する中で、"In order for Japan to be a multiethnic society it needs to change its attitude towards nationality and race and change the law opened to other ethnic group." と、より明確に焦点を絞った主題文へと発展させ、最終的には "In order for Japan to be a multiethnic, opened to any races, society, it needs to change its attitude toward nationality and race." という主題文で小論文を書き上げた。この学生はアウトラインについても同じように何度も推敲を重ねた。資料4–1、4–2はそれぞれライティングプロセス初期の段階のアウトラインと最終稿と共に提出されたアウトラインである。初期のアウトラインは、主題文の焦点が絞りきれていないこともあり、論点が多岐に渡り、800語という規定には収まらない内容になっている。また各論点のつながりや小論文としての論理展開も弱い。それに比べて、最終稿段階のアウトラインは「日本が他民族国家になるための条件」に絞り込んだ主題文を反映した、読み手にわかりやすい論理構成になっている。この学生がトピックについて考えを深め、論理を構築するという学習において、確実に進歩を遂げたことを表すものであることがおわかりいただけると思う。

　上述した thesis statement の書き方、アウトライン作成は共に春学期の学習項目であったが、秋学期に復習され、更なる練習の機会を与えられた。秋学期の新しい学習項目は「小論文における結論の書き方」である。英

> Nationality and Race: How to build multiethnic society in Japan
>
> Thesis statement: Japan should introduce muticulturalism and accept people from countries, however the discrimination of other races is obvious in today's Japanese society.
>
> I. Introduction
>   A. Definition of nationality
>   B. Definition of race
>   C. Thesis statement
> II. Today's Japan
>   A. Nationality and race in Japan
>   B. Discrimination of other races
> III. Other countries circumstances
>   A. China's and Korea's nationality and race
>   1. the Korean war
>   2. the cultural revolution
>   B. U.S.'s and South Africa's and Indonesia's society
>   1. Immigrants
>   2. Colonists
> IV. How to build multiethnic society in Japan
>   A. Post example of government's response
>   1. Kurd refugee
>   2. North Korean refugee
>   B. Solution
> V. Conclusion

資料4-1　初稿段階のアウトライン

語論文における結論は簡潔で明瞭であることが求められる。オコネルはその構成要素として1) thesis の再提示 2) 主な論点のまとめ 3) しめくくりのひとこと(未来の予測、解決法、論点の重要性等)があることを説明した。この一見単純な結論の書き方は、実は学生にとってはライティングにおける「異文化体験」である。日本語文化──基本的に「読み手が書き手の言わんとするところを読み取る」書き手主導の関係──で育ってきた学生たちは、「書き手とは読み手の期待とは関係なく、書きたいことを書きたいように書

Topic: Nationality and Race-For Japan to be a multiethnic society

<u>Thesis Statement</u>: In order for Japan to be a multiethnic, opened to any races, society, it needs to change its attitude toward nationality and race.

Outline
I. Introduction
  A. Definition of nationality
  B. Definition of race
  C. Relation between nationality and race
  D. Thesis statement
II. Nationality and Race in Japan
  A. Definition of nationality in the Japanese law
  B. "Japanese" in the law
III. Nationality of other ethnic group in Japan
  A. Japanese Korean's nationality
  B. Its unfairness
IV. Conclusion

Works Cited
Pearson Education Limited, <u>Longman Advanced American Dictionary</u> 2000
The Ministry of Justice Website, <u>Civil Affairs Bureau; the Nationality Law</u> 1988

資料4-2 最終稿のアウトライン

く権利がある」と思っている。ところが、英語論文では書き手と読み手の関係は読み手主導であるという大きな前提の違いがある。オコネルが先に説明した「結論の3構成要素」を頭では理解できても、いざ書く段になると、慣れ親しんだ「結論とはこうあるべき」という認識に影響されてしまう。結論まで最も言いたいこと、すなわちthesisを取っておくのがよいと考えたり、主な論点を結論で繰り返すよりも新たな論点を盛り込んでさらに議論を発展するのが効果的だと考えたりする学生は少なくない。そんな学生たちにここで求められているのは、結論までthesisをとっておくというなじんだ文化とは別の、結論では本論で展開した大切な論点を繰り返し書く、という新しい文化を自分の小論文に反映させて書くことなのである。

Chapter 5≫

　ライティング技能向上のためには英語論文における結論の書き方の構造的差異という「異文化」へのより深い理解が必要条件であるという考えから、オコネルは、学生同士の相互評価の代わりに、ひとりひとりを個別に指導する Tutorial を課すことにした。学生たちはそれぞれ、自分の書いた結論部分について教員と話し合い、個人指導を受けた。彼らの結論には新しい論点がたくさん盛り込まれたものや、本論で論じておくべき情報が入っているものが多かった。教員が「余分な」情報が入っていると指摘すると、学生は「それでは本論で述べたことの繰り返しばかりでつまらない結論になってしまう」という反応を示した。オコネルは英語論文の書き方に沿って書くことの重要性をひとりひとりに丁寧に説明して行く。納得できずに何度も Tutorial に来る学生もいたが、推敲を繰り返すうちに、次第に論文における結論の役割を理解し始める。これは、前述した学生のことばにあるように「歯車が合う」までの必要な作業であり、教員は根気よくつきあうのだ。Tutorial を経て、学生が書いた結論を紹介する。この学生は「ひとりひとりが人種ということばの定義を批判的に考えることなしには文化的・政治的に教化された定義を鵜呑みにしてしまう危険性がある」という主題文で小論文を作成した。結論は、

> To summarize, people easily trust existent definitions of the term *race* because of three reasons: the term *race* is subversive; the term *race* seems authorized; the term *no race* sounds just. These three demonstrate people's immediate trusting which lead them to the danger of indoctrination. As long as people do not notice that they should examine the term *race* before believing it, the danger of indoctrination remains.[8]

というものである。多少のぎこちなさは残るものの、英語論文という異文化に適応し、前述した必要要素を全て含んだ結論に仕上がっていることが、おわかりいただけると思う。

　春学期にライティングプロセスがどういうものかを既に経験した学生たちは、自分の得意な点、苦手な点をある程度理解し、教員からのインプット

がどの時点で必要かをよくわかっている。そこで、オコネルは小論文の課題を出す時、学生自身が必要だと判断した時点でTutorialを申し込むよう学生に伝え、個人指導は学生が小論文を書き上げるまで、不定期に続いた。教員の役割は、小論文を完成させるのに学生が克服すべき問題点を個々の学生に認識させ、学習の要点を明確にすることだが、このTutorialで特に注意するのは、論文の論理展開であり、文法や表現の間違いではない。これらが重要ではないということではないが、あくまでライティングの一部に過ぎず、小論文の書き方を学ぶ学生がまず書き手としてエネルギーを注ぐべきは、自分の意見を客観的、論理的に構築し、読者を納得させられるだけの情報を提供することである。Tutorialに5回も来て指導を受ける学生もいた。

　アカデミックライティングを学ぶ上でつまづきやすい点として、頭の中の考えをことばで表現することのむずかしさがあげられる。頭の中でいかにきれいに論理展開がなされていようと、それがことばで同じように明瞭に書かれているという保証はない。オコネルはTutorialで学生に "What do you mean by this sentence? What are you trying to say here?" という質問を繰り返し、学生に「本当に言いたいこと」を口頭でことばにする練習をさせた。自分の考えをことばにしてみることで、文章にそれが欠けていること、それがないとことばでの論理展開が不十分であることに学生は気づいて行く。"Other people cannot read your mind, but they can read your essay, so you need to write what you think." と結論の書き方の授業で説明されたことが本当に「わかる」瞬間である。授業で何度同じ点を説明しても、実際に自分のライティングを見て確認する機会がないと、本当にその理解を自分のものにすることはできないのである。

　紙面の都合上、学生が完成した小論文をここで紹介することは控えるが、代わりに学生の小論文を評価する基準項目のリストを以下に示しておく（資料5）。

　30以上もの項目にわたるこの評価表は単に最終稿の評価のために教員が使うものではない。実際は学生が原稿を書き始める時に渡され、学生自身が小論文の構成の仕方や例の選び方を確認したり、結論の書き方などを検討したりする場合に参考にする。つまり、教材の一部として繰り返し使われ、学

Final Draft Evaluation Form

I. Introduction
- narrows topic to introduce the thesis
- provides enough information to clearly frame the essay
- avoid excessive detail
- displays good transition between ideas
  - ___ 5 Excellent introduction. Does all of the above outstandingly.
  - ___ 4 Good introduction. Does all of the above reasonably well.
  - ___ 3 Does some of the above adequately, but needs work on circled items.
  - ___ 2 Introduction is less than effective because of problems with circled items.
  - ___ 1 Serious problems with circled items.
  - ___ 0 Introduction is greatly flawed.

II. Thesis Statement
- clearly stated
- allows for an argument to be developed
- shows an appropriate level of sophistication
  - ___ 3 An excellent thesis statement.
  - ___ 2 A satisfactory thesis statement.
  - ___ 1 Problems with circled items.
  - ___ 0 Missing.

III. Main Supporting Points
- well chosen to offer strong support
- clearly related to the thesis
- positioned appropriately
- lend themselves to further development
  - ___ 3 Main supporting points are excellent.
  - ___ 2 Main supporting points are adequate.
  - ___ 1 Minor problems with circled items.
  - ___ 0 Major problems with circled items.

IV. Development of body paragraphs
- paragraph unity maintained
- logical connections marked by clear transitions
- convincing argumentation
- supporting points thoroughly explained
- adequate details provided
  - ___ 6 Excellent development throughout the body.
  - ___ 5 Good development throughout the body.

___ 4 More or less satisfactory development throughout the body.
___ 3 Inconsistent-some sections adequate, other sections display problems with circled items.
___ 2 Commonly occurring problems with circled items.
___ 1 Very serious problems with circled items.
___ 0 An illogical or undeveloped essay.

V. Conclusion
- restates thesis clearly   ___ 4 An excellent conclusion.
- varies form and diction in restatement of thesis
                                 ___ 3 A satisfactory conclusion.
- summarises main points   ___ 2 Needs improvement in circled areas.
- does not introduce too many new ideas
                                 ___ 1 Major problems with circled items.
- provides the essay with an adequate feeling of completion
                                 ___ 0 An inappropriate or missing conclusion.

VI. Academic Appropriateness
- sufficiently academic topic   ___ 3 A solid academic essay.
- appropriately academic language   ___ 2 Needs work in circled areas.
- varied and accurate word choice   ___ 1 Serious problems in circled areas.
- academic tone maintained throughout
       ___ 0 Little or no attempt made to achieve academic appropriateness.
- in-essay citations correctly incorporated
- works cited correctly incorporated

VII. Mechanics
- free of grammatical errors
                                 ___ 3 Mechanically sound. Virtually error-free.
- accurate spelling   ___ 2 Needs improvement with circled areas.
- appropriate use of punctuation
                                 ___ 1 Many problems with circled areas.
- correct formatting   ___ 0 Apparent disregard for proper mechanics.
- neatness

TOTAL SCORE: ___

資料5　小論文評価基準リスト

生にとっては何をするべきかの指針の役割も果たすのである。例えば Tutorial の際に、学生は評価項目について質問し、大切な点を確認することもできる。また、自分が抱えている疑問や困難を、この評価表に照らし合わせて教員と話合うことが、ライティングプロセスに関する理解をより深める助けにもなるのだ。最終稿の評価に使われる時も、教員はただ単に点数をつけるだけでなく、コメントも合わせて学生に返却することで、次に似たような課題に取り組む際の注意点を示す。そういった意味において、この評価表は、学習の段階的評価として機能している。

>4.4 評価

Academic Reading and Writing ではテーマごとにプログラム共通テストが実施されるが、1学期中に2回あるテストのうち1回は必ずライティングの試験である。1年を通して用いられる形式と実施方法は実に多様で、マークシート方式の4択テストもあれば、ノートなどの資料を持ち込んでの記述式テストもあり、試験問題を事前に手にして小論文を書くテストもある。

「認知・文化・コミュニケーション」のプログラム共通テストは小論文テストで、thesis statement を含んだ短い導入に続き、自分の分析を2〜3のパラグラフで構成し、3つある読解資料をすべて分析の根拠として提示し、最後に結論を置くという形式に従って書く。春学期から学習してきたパラグラフの書き方が必要になることは言うまでもなく、3つある読解資料から情報を取り出して応用できるか、また自分の分析を適切にサポートできるかという、クラスで学んだことのまとめとしてのテストである。練習テストはプログラム共通試験の形式や内容を事前に通知し、学生が十分な準備をして臨めることを意図して行われる。試験の前にはクラスで実際のテストと同じプロセスで練習テストが、そして試験の後には、フィードバックの時間が設けられている。以下に練習テストのプロセスを描写する。

1. 練習テスト3日前に、異文化コミュニケーションで発生した誤解を描写した400語程度のテキストが渡され、このテストは小論文テストで

あることが予告される。答えを暗記したり他人のノートを写したりという作業がテスト準備だと思っている学生たちに、彼らがテスト準備としてしなければならないことは、読解資料に解説された概念を使ってテキストの分析をしておくことであると説明される。授業活動と同じように自分の解釈・分析をクラスメート同士で話し合い、テキストに必要な書き込みをしたり、ノートを作ったりする作業は、全てすでに学び練習してきた。つまり、それまでの授業の中でどう学んだかを自主的に再構築することがテスト準備になるのだ。また、この時点で、「構成の確かさ」「thesis statement」「読解資料からの適切な引用」といった評価基準も明らかにされる。教員からの指導には、テスト時間45分のうち、最初の10〜15分は答えをどう書き、どの例や概念を使うかを考えるといったプランを立てる時間として使うことなどが含まれる。

2. 練習テストの当日、試験問題を渡され、持ち込みが許可されている読解資料やノートを使って小論文を実際に書く。
3. 評価基準に基づいて教員が評価をした後、テストは返却され、フィードバックセッションが行われる。学生はまず、自分の答えを読み返し、自分のスコアの意味を考える。例えば「構成の確かさ」という基準で、5点満点中3点であれば何が足りなかったのか、どうすれば満点になるのかを考えるのだ。また評価に納得がいかない場合は、教員に説明を求めることができる。次に教員は、学生が実際に書いた答えを本人の許可を得てサンプルとして提示し、その評価・分析をする。その後、学生はペアになって小論文を交換し、パラグラフの中でトピックセンテンスとその他の文とに密接な関係があるかどうかという、パラグラフの書き方についても復習する。

練習テスト自体がライティングと批判的思考法のトレーニングになっていること、試験は学習活動のひとつであるという考えが、おわかりいただけたと思う。本番のプログラム共通テストでは、担当教員以外の教員が採点を行うが、評価が公平に行われるように、コース担当の全教員が評価統一会議

に出席し、採点基準の確認をする。学生または担当教員が評価に疑問または不満がある場合は、再評価のリクエストをすることができる。その場合、テストは第3者の教員によって再度採点され、それが最終評価になる。これは評価基準が明確に示され、教員と学生の間で共通理解がなければ機能しないシステムである。

5. 指導上の特徴

　以上、駆け足ではあるが、Academic Reading and Writing の授業風景を描写した。紹介しきれなかった学習活動や課題も多くあるが、ひとつのテーマを4～5週間という限られた時間でどう掘り下げて行くのか、また読解とライティングの学習が批判的思考能力とどのように統合されているのかを授業現場での学習過程としてご理解いただければ幸いである。
　すでに述べたことであるが、指導上最も留意されているのは、繰り返しの学習、学生同士の相互学習、自律学習の3点である。これらは年間を通してさまざまな形で強調される。それらはいずれも ICU の目指すリベラル・アーツ教育の中で、基礎的学問能力を養いメタ的視点を獲得するために必要な条件として、ELP のカリキュラムに取り入れられたものである。そのことの確認として以下の記述をする。

>5.1　繰り返しの学習（Recycling）

　小論文作成の始めに主題文を書く課題が与えられたことは前述した。主題文の重要性を知りその書き方を学ぶことは春学期の学習目標に設定されている。しかし、明確な主題文が書けるようになるまでには繰り返し練習が必要となる。この理由から、春学期に導入したこの目標は、秋学期に再度復習という形で設定されている。主題文の存在を意識して読解資料を読むよう指導され、ある程度の練習を積んできた学生たちは、秋学期にはより自信を持って、より明確な主題文が書けるようになるのである。
　英語運用能力の中でも上達に時間のかかるライティングのカリキュラムを組み立てる際に、この繰り返し学習の原則は最も重要視されるもののひと

つである。Academic Reading and Writing が設定している学習目標に到達するためには、また、学生自身が苦手な部分を克服する達成感や能力の向上を実感しながら学ぶためには、主要な学習項目を1年間に複数回経験する機会が不可欠となっている。主要な学習項目を毎学期繰り返し確認することで、段階的に難易度の高い課題を課し、新しい学習項目へと効果的に導いて行くのである。

>5.2　学生同士の相互学習（Peer Learning）

　学生が互いの主題文やアウトラインを評価しあう授業風景を紹介したが、相互評価は、主題文の構築学習に限らず、ライティング学習ひいてはELPでの学習全般において、頻繁に行われる授業活動である。相互評価とは「よい・悪い」の最終判断を下す評価とは違い、「どうすればさらに良くなるか」を共に探求することである。他人の意見や書いたものを客観的に評価することは基礎的学問能力のあらわれの一端である。この理由から、学生たちは春学期に、相互学習・相互評価とは何か、なぜ行うのか、ということを実践的に学んで行くことになる。そして相互学習・相互評価の方法を、基礎的学問能力の開発、発展として身につけて行く。それまでの学習経験では、常に他者との比較において評価される側にいた学生に、「誰が誰よりできる−できない」という競争相手としてのクラスメートではなく、共に学ぶ仲間としてのクラスメートの存在を定義づけることになる。そのためには、自身が十分な知識を持っていることが求められるので、学習への大きな動機づけにもなっている。更に、他の学習者と一緒に学ぶことで学習上の困難を分かち合い、「わからない・できないのは自分だけだ」という教室での孤立感を作らないことにも役立っている。セクションという少人数制の学習環境がこの相互学習を可能にしていることは言うまでもないが、その利点を最大に活かすために、グループ討論、グループ発表、ペアワークなど学生同士が互いに責任を持って学びあう課題は Academic Reading and Writing の授業活動の核になっている。

>5.3 自律学習（Autonomous Learning）

　相互学習がもたらす効果をもうひとつ付け加えるなら、教員に頼るという習慣から抜け出し、自律した学習者としての成長を促す点をあげることができる。そもそも大学での生活は、履修計画をたてることから始まり、課題の選択や、卒業論文作成に至るまで、学生が自律した学習者であることを前提としている。自律学習者としての意識を高めその成長を促すには、前述したように権威に対して常に客観的な距離を保つよう指導することだけでなく、教員が学生に対して日常的にどう関わるかが重要な鍵のひとつとなる。それを踏まえて、Tutorial の中での教員の指導を再度見直してみる。

　繰り返しになるが、Tutorial の目的は、教員が学生のライティング「力」を向上させるための個人指導を行うことにある。Tutorial での指導の一環として、教員は改良可能な点を示し、それを検討することがなぜ必要なのかの説明をする。同時に、どのような修正・変更を加えるかは書き手である学生の判断であると伝えることも忘れない。なぜこの論理展開ではわかりにくく、どういう情報を加えることで（または削除することで）言いたいことがより明確に読者に伝わり誤解のない文章になるのかを、学生自身が疑問として持ち、自ら書いたものを客観的に評価するようになる時に、Tutorial がその役目を果たしたと言えるのだ。そして、教員の助けなしに自身の書いた論文を分析・評価・推敲できる力を養うことが最終目標である。要するに、Tutorial は学生が批判的思考に基づく自己表現力を体得し、自律学習者として成長して行く機会のひとつとなっているのである。この学習過程の中にもっともよく指導上の特徴が表れていると言える。

6. おわりに

　以上、Academic Reading and Writing という ELP の核であるコースと、リベラル・アーツ教育の構造を日常的学習プロセスの中で体験している学生たちと、それを指導する教員の姿を、授業風景として紹介した。学生、教員それぞれが多くの時間とエネルギーを要求されるハードなコースであることが、おわかりいただけたことと思う。同時に、知識の詰め込みや技術の

習得を目的とした、教員側からの一方的な授業ではなく、大学での学習の基礎となる批判的思考能力を養い、英語運用能力を高めるという明確な目標を持つコースであることも重ねて強調しておきたい。「英語の授業というよりむしろ国語の授業に近い...(中略)英語を学ぶのではなく、英語を使って学ぶということですね」(国際基督教大学、2005、p. 86) という学生のコメントが示すように、大学で学ぶための英語力を身につけると同時に、英語を通してさまざまな考え方に触れ学問の仕方を学んで行くのである。それを可能にしているのは、真剣に、積極的に ELP に取り組む学生たちと、その学生に熱意を持って応える教員がいるからに他ならないのである。

注

1. 本章 4 節は Ged O'Connell の英文による原稿を深尾暁子が翻訳し、加筆するという分担執筆の形をとった。
2. 第 4 章 1 表 1 を参照されたい。
3. 原文は英語で書かれたものを日本語でまとめた。
4. オコネルの授業の中で採集した学生たちのコメントである。
5. English Language Program. (2005). *The Student Guide to Writing in the ELP*. Tokyo: International Christian University. を指す。
6. オコネルの授業の中で採集した学生たちの主題である。
7. オコネルの授業の中で採集した学生の主題文である。
8. オコネルの授業の中で採集した学生の結論である。斜字体は加筆した。

参考文献

Barna, LaRay M. (1994). Stumbling blocks in intercultural communication. In *The ELP Reader, 2005* (pp. 59–76). (Reprinted from *Intercultural Communication: A Reader* (7th ed.). L. A. Samovar & R. E. Porter, Eds., 1994, Belmont, California: Wadworth Publishing Company)

English Language Program. (2005). *The student guide to writing in the ELP*. Tokyo: International Christian University.

Goldstein, Lynn. M. (2004). Questions and answers about teacher written commentary and student revision: teachers and students working together. *Journal of Second Language Writing, 13*, 63–80.

国際基督教大学 (2005)『ICU 国際基督教大学入学案内 2006』国際基督教大学

Chapter 6

Reading and Content Analysis[1]
精読と英文構成法

藤井彰子

渡辺敦子

1. はじめに

　Reading and Content Analysis は第4章の1で述べた通り、Academic Reading and Writing と共に1年次カリキュラムの中核を成すコースのひとつであり、分析読書の技能の向上を主目的としている。ここでいう分析読書は著者の意図を正確に理解することを意味する。本章では Reading and Content Analysis において分析読書の技能がどのように育成されるかについて解説したい。まず、ELP ではどのような読解能力の向上を目指しているのか、その教授目標を明確にするために、分析読書という概念を定義し、コース到達目標の具体例をいくつか示すことから始めたい。さらに、分析読書を可能にする具体的なリーディング技能を説明し、授業プランの例を紹介しながら、どのような実践を行っているかについて解説して行く。最後に、Reading and Content Analysis がどのように ICU の教育理念と結びついているのか、ELP において分析読書の授業が必要な理由、リベラル・アーツ教育や基礎的学問能力との関連性について述べたい。

2. 分析読書とは

　多くの新入生にとって、英文を読む、という行為は英文を訳す作業、または、英語力の向上を図るための作業に他ならない。しかし、Reading and Content Analysis で要求される「読み」は英語という言語だけでなく、テ

キストの内容、またテキストの内容と言語の相互作用に焦点をあてた、より深い、より包括的な「読み」である。そのため、新入生は Reading and Content Analysis の授業で、初日より、「英語を読む」ことについての認識の転換が強いられる。果たしてどのような認識の転換が強いられるのだろう。Reading and Content Analysis が目標とする読解力がどのようなものなのかをまず解説しよう。

　Reading and Content Analysis の目標である「分析読書」の概念を説明するにあたっては、1940年に書かれたアドラーの名著、*How to Read a Book*（Adler, 1972）が有用である。アドラーは、分析読書を以下の通り定義している。分析読書は何にもまして理解するために読むことである。アドラーの言う「理解する」とはどのようなことなのだろうか。まず、アドラーは分析読書を、情報を得るための読書や娯楽のための読書と、読書の目的を区別している。Reading and Content Analysis では外国語である、英語での分析読書を扱うため、訳をするための読書、文法解析のための読書との区別も強調したい（図1参照）。

　さらに、アドラーは分析読書における3つの段階を定義している（図2参照）。分析読書の第1段階は、読者がテキストの種類（ジャンル）、大意（メ

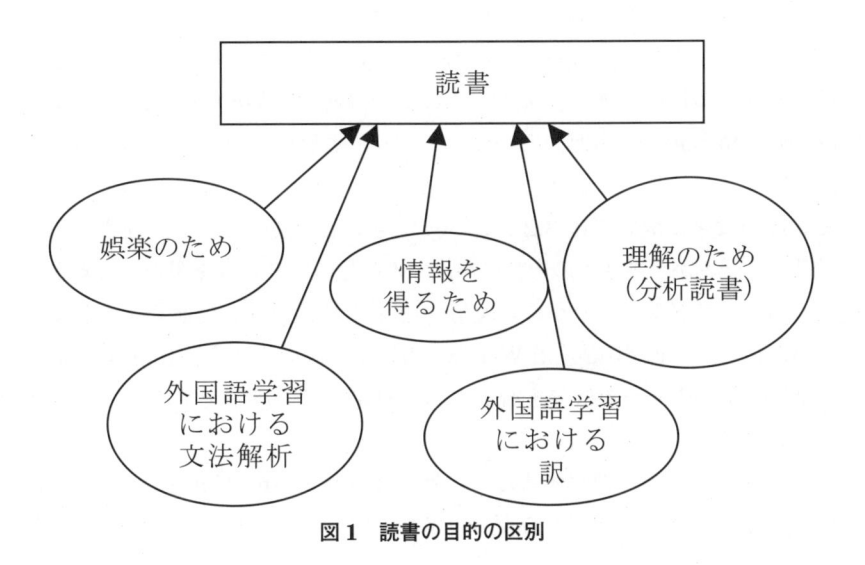

図1　読書の目的の区別

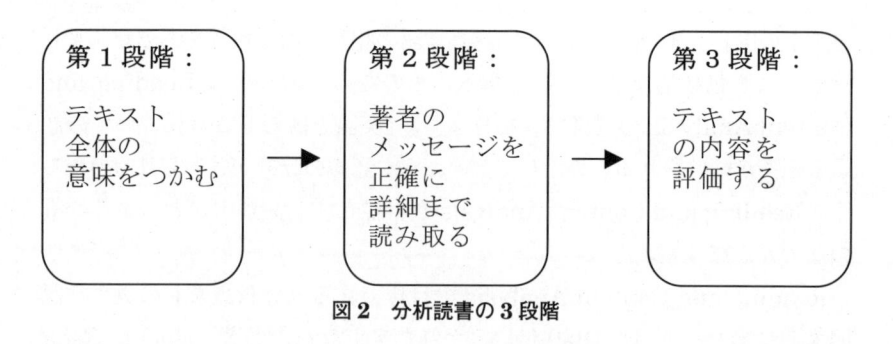

```
┌─────────────┐     ┌─────────────┐     ┌─────────────┐
│ 第1段階：   │     │ 第2段階：   │     │ 第3段階：   │
│ テキスト    │  →  │ 著者の      │  →  │ テキスト    │
│ 全体の      │     │ メッセージを│     │ の内容を    │
│ 意味をつかむ│     │ 正確に      │     │ 評価する    │
│             │     │ 詳細まで    │     │             │
│             │     │ 読み取る    │     │             │
└─────────────┘     └─────────────┘     └─────────────┘
```

図2　分析読書の3段階

インポイント）、大まかな構成、そして著者の執筆動機となった問題を把握する段階である。ひとことで言えば、テキスト全体の意味をつかむことである。たとえば、Reading and Content Analysis では "Euthanasia: An Introduction"、尊厳死についての本の第1章をテキストとして扱う。分析読書の第1段階では、その章の大体の構成の他、そのテキストがキリスト教の倫理観に基づいていること、倫理と法律についての議論を展開していること、そして著者がキリスト教徒であり、大学教授であり、病院の倫理委員という立場にあること、一般のアメリカ人に向けて執筆した入門書であるということを認識しなければならない。短時間で得られる情報ではあるが、その情報の持つ意味を見過ごさないことが重要である。

　アドラーによると、分析読書の第2段階は、読者がテキストの内容を正確に解釈する段階である。アドラーはその課題を "What is being said in detail and how" と明記している。つまり、著者のメッセージを詳細まで読み取り、どのようにその論を展開しているかを分析し、解釈する必要がある。この段階については3.2において例を詳しく述べる。分析読書の第3段階は、読者がテキストの内容に対しての自分のスタンスを明らかにすることである。アドラーのいう第3段階、「批判」の段階は、前節で述べたように Academic Reading and Writing の授業で訓練をする。Reading and Content Analysis では分析読書の第2段階までの段階を主な教授目的としている。

　読解資料を正確に理解するためには、Reading and Content Analysis においては図3で示すようなプロセスを経て学習が進められている。学生

《Reading and Content Analysis》

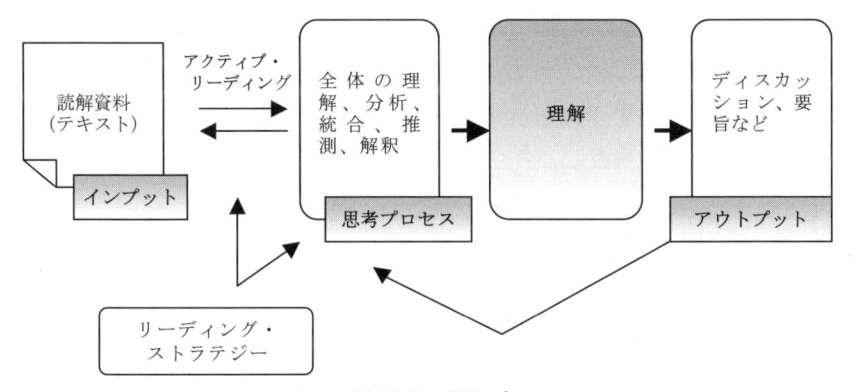

図3　分析読書の学習プロセス

はまず、テキストの構造を認識し、内容を解釈し、統合することが必要となる。これらの思考プロセスはテキストと積極的な関わり（active reading）から生まれると考えられている。そして、学生は必ず理解した内容を課題において発信することになっている。発信活動、つまり、授業でのディスカッションや要旨などの課題によってさらに思考が深められるのである。このプロセス、つまり、インプットからアウトプットにつながる一連のプロセスの中で学生は分析読書の考え方や技法を学習するのである。

　多くの大学1年生にとって、テキストの意味を深く掘り下げ、その構造や解釈などを自分のことばで説明する、という読解活動は容易なことではない。とりわけ、外国語である英語のテキストを読み、英語でその内容について話し合い、発信する、ということは困難である。したがって、**Reading and Content Analysis** では分析読書の姿勢や思考の訓練と並行して、英語のテキストを効率よく、要点を読み取るためのリーディング・ストラテジーの訓練も行う。

　アウトプットの訓練も行われ、発信することが、テキストと向き合うことと同じぐらい重視されている。理由は2つある。第一に、テキストの内容を説明することで学生は自分の理解をさらに深めるからである。第二に、テキストの内容をディスカッションやライティングにおいて説明することが、知を共有するために必要な基礎的学問能力として意味を持つからである。

このような学習過程を経て分析読書の能力を開発して行くわけである。この学習過程がどのようにして授業で実践されるか、具体的な授業プランの紹介へ移る前に、まず Reading and Content and Analysis で目指す「理解」をより詳しく解説しておくことが必要であろう。

3. 到達目標とする読解力

Reading and Content Analysis の授業で目指している文章理解とはどのような事象を指すのか。具体的に示すために、Reading and Content Analysis の授業で筆者が使用してきた教材から抜粋し、コースの到達目標の例として紹介していきたい。到達目標に近づけるよう、どのように指導して行くかは 4 以降で述べることにする。

ここで 4 つの例を用いて解説するが、それらが示すのは Reading and Content and Analysis の目指す文章理解に必要な思考プロセスである。まず、テキスト全体の意味をつかむこと、そしてテキストを分析し、解釈し、統合する、といった思考プロセスである。4 つの例は Reading and Content Analysis のコースの最終到達目標を示すものであるので、授業でテキストを 4〜5 週間かけてから取り組むことを想定している。

>3.1 テキスト全体を理解する力

先にも述べたように、アドラーの分析読書の第 1 段階はテキストの全体を把握することである。テキスト全体の意味をつかんでいるかを確認するために、例 1 のような質問を学生に投げかけることがある。

例 1 (春学期、テキスト "The Techniques of Propaganda")
Answer the question "Who says what to whom for what?" Answer in one or two sentences.

この "Who says what to whom for what?" という質問は、後に解説や授業例で示されるように、テキストの導入の際使用されることもあるが、テキストのまとめの段階でも学生の理解の度合いを測る鍵ともなる。図 4

≪Reading and Content Analysis

Who says₁ what₂ to whom₃ for what₄?

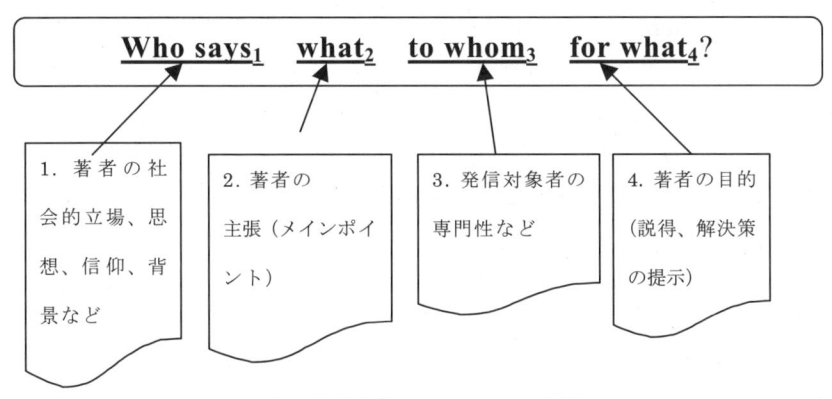

1. 著者の社会的立場、思想、信仰、背景など

2. 著者の主張（メインポイント）

3. 発信対象者の専門性など

4. 著者の目的（説得、解決策の提示）

図4　全体の意味を問う4つの質問

でも示してあるように例1は4つの質問から構成されている。

　大意を問う、whatがもっともなじみやすいだろう。英語のテキストはひとつの主張を提示し、展開するのが通常である。したがって、テキストを正確に理解する、ということは著者が一番伝えようとしている主張、つまり論文の主旨（メインポイントまたはthesis）を理解することから始まる。このwhatの部分に答えるためにはテキストの大意を述べればよい。ただし、これをごく簡潔に述べることが要求される。ところが、テキストの全体の意味理解するためには大意だけでは足りない。Who says, to whom, for what（why）も重要な問いである。

　冒頭のWho saysは著者が誰であるかを問う質問である。著者の名前だけではもちろん十分な答えにならない。ここでは著者の社会的立場、背景などを中心に答える必要がある。これらの情報はテキストの持つ意味を理解するのに極めて重要だからである。例えば、小学校における英語教育の導入についての新聞記事を目にした場合、著者によって、読者の解釈は異なるだろう。「文部科学省の職員」が書いた場合、「50年前の日本人の英語教育の専門家」が書いた場合、「アメリカ人の新聞記者」が書いた場合と、それぞれ違う視点が期待されるだろう。そして、著者の社会的、文化的、及び時代的背景によって、テキストの持つ社会的な意味やテキストの根底にある前提なども異なるだろう。

次に to whom はテキストの発信対象を問う質問である。著者が想定している読者が世界の中のどの地域の、どのような社会的階層の、どのような年齢の、どの程度の専門知識を持った、どのような思想や宗教を持っている読者なのかを問う質問である。対象者によって、テキストから期待できる内容が異なるはずであり、情報の信頼性までも異なるかもしれない。

最後の for what という質問は「なぜこの著作が執筆されたのか」、著者がこのテキストを書いた理由を問う問題である。読者を説得するためのテキストなのか、それとも難問に対しての分析を提示するためのテキストなのか、古い問題に対して新しい見方を提示するテキストなのか、なぜこのような主張を世に出す必要性があったのか。著者の目的によって読者の解釈も異なってくるはずだ。このように、**Who says what to whom for what** という質問は、テキストの大意に加え、著者、対象、目的について正確に把握することを要求する。つまり、テキストの持つ社会的な意味の理解まで求めているのである。学生は 1 ヶ月以上もひとつのテキストと格闘しなければならない。彼らには最低限この質問に対する答えを述べる程度の理解が期待される。

>3.2 テキストを分析する力

先に提示した例 1 は課題として与えられたテキストの全体の意味を問うものであり、アドラーの言う、分析読書の第 1 段階(図 2)に相当する問いであった。例 2 はさらに一歩踏み込んだ、より精度の高い理解を求める問いであり、アドラーの言う、分析読書の第 2 段階に相当する。すなわち、**What is being said in detail and how** における how の部分を追究する問いである。

例 2 で示しているのは「ダーウィンの提唱した適者生存の法則、そして人類に対しての見方が、さまざまな立場や能力を持つ人々に解釈され、形を変えてきた」といった主張であり、課題テキストの中核となるものである。

例 2 (秋学期、テキスト "Sweeping Toward a Racial Abyss")
What does the author mean when she writes in the Prologue "both

the theory and our views of ourselves have been filtered through the minds of men and women of all stations and abilities"? Explain how this statement is illustrated in this chapter.

テキストは歴史小説風に書かれた本の1章であり、アメリカ史の一時期における優生学の台頭を描写している。例2は、著者の主張がどのように本文で展開されているか、その解説を要求する問題である。ここではテキストを分析して行くわけだが、ここで言う分析とはいわば「分解してそれぞれの部品の役割を見極める」作業である (Fowler & Aaron, 1999 他)。著者の描写する人物や史実をひとつひとつ取り上げ、その人物や史実とダーウィンの理論との関わりを明確にし、そこでダーウィンの理論がどのように解釈されていたかを読み取る必要がある。このように、Reading and Content Analysis において、著者の主張を理解するということは主張の裏づけや根拠、理由まで理解することを意味している。そして、そこまで理解して初めて著者の主張の及ぶ範囲が正確にわかるということなのである。つまり、著者はダーウィンの理論のどの部分に言及しているのか、ダーウィンの理論がどの程度変形されたと伝えているのかが明確になる。そのためには学生はテキストの構造を分析し、著者の論理の展開を認識し、自らのことばで説明しなければならないのである。

>3.3 情報を統合する力

例3で扱うのは「プロパガンダの技法」と題したテキストであり、コミュニケーション学の入門書の1章である。ここでの「プロパガンダ」とは「マスコミなどを利用し、真意を隠して、思想を普及、宣伝する」行為を指す。テキストはプロパガンダを定義し、技法を解説している。

例3（春学期、テキスト "The Techniques of Propaganda"）
Based on the author's definition, are the following examples of communication propaganda? Choose ONE that you think IS propaganda. In your answer, explain the important characteristics of the example. Then discuss the example with relation to the author's

definition, the tactics of propaganda, and the contemporary devices of analysis described in the text.
a. The speech by Senator Yakalot
b. The ICU brochure
c. A sermon by a minister of a church
d. A speech by Prime Minister Koizumi
e. A speech by the President of the U.S.A., George W. Bush
f. Publicity about the Japanese National Soccer Team
g. Other

例3のaからgでは、政治家のスピーチ、牧師の説教、マスコミによるサッカーの報道など、コミュニケーションの具体例がいくつかあげられている。これらの例は果たしてプロパガンダと言えるのか、学生は課題のテキストにおける著者の定義にもとづいて判断し、説明しなければならない。この問題もアドラーの言う「テキストの理解」を象徴する問題だと思われる。ここではこの問題が要求する「情報の統合」に焦点をあてて、その意義について解説していきたい。

　さて、例3で挙げた問題に答えるためにはどのような思考過程が必要なのか。
1. プロパガンダに関する著者の定義をテキストの中から見つける。
2. プロパガンダの定義を提示する英文を理解する。

表面的な理解のみを要求するのなら、この2つの作業で充分だろう。プロパガンダの定義を問うだけであれば「著者によるプロパガンダの定義を50ワード以内でテキストより抜き出せ」という問題で十分だ。あるいは、英語を訳すことで得る理解で充分であれば、これを日本語で説明せよ、という問題でことが足りるだろう。しかし、**Reading and Content Analysis**で目指す「テキストの理解」はちがう。単語を超えた概念の理解を要求している。したがって、次のような作業も必要となる。

3. テキストの1箇所にて定義されている概念を、テキストの他の箇所、またはテキスト外の事象と結びつける。

ここでは例えば、例3のaからgで示されている具体的な事象が、テキストで定義されているプロパガンダに当てはまるかを判断することである。そのためには、学生は抽象的な単語で表現されているプロパガンダの定義を理解し、その単語(「プロパガンダ」)の指す現象を自分が納得できる具体性を持った形で把握しなければならない。紙面上の抽象論と自分の経験や既存の知識との統合が求められているのだ。これが例3の問題に答えるために要求される作業である。そしてさらにもうひとつのステップがある。

4. 著者の述べている数々の情報を統合する。

テキストで提示されているプロパガンダの定義は、箇条書きで4つの条件からなっている。それぞれの条件をバラバラに理解することは、そうむずかしくはないはずだが、定義が現実において効力を持つためには、条件を全て合わせて考えなければならない。

例3の問題に答える、というのは上記の4つの作業を行う、ということである。最後の2つの作業においては、さまざまな種類の情報をお互いに関連づけ、統合することが求められる。ここで提示したのは一例に過ぎないが、Reading and Content Analysis においてテキストを「理解」する、ということは著者の提示する概念を(この場合は「プロパガンダ」)、既存の知識や現代社会と結びつけて、現実の一部として理解する、ということをも意味する。

>3.4 情報を解釈する力

例4は尊厳死について解説する文献の序論に関する問題である。尊厳死は、宗教や文化に深く根ざしている大変にむずかしい問題である。賛否両論があるこの問題に対し、神父であり、倫理学の教授である筆者は中立的な立場にたって論じるよう努力している。

例4 (冬学期、テキスト "Euthanasia: An Introduction")
What do you think is the author's personal position on euthanasia? Why do you think so? Use evidence from the text to support your argument.

著者は尊厳死に対しての自らの考えを明確には述べていない。しかし、例4はあえて著者の尊厳死に対する考えを問う問題である。もちろんテキストに基づいた、根拠のある答えでなければならない。ここではテキストを手がかりに推測、解釈することが求められている。文献を正確に理解するということは、著者の自らのスタンスを読者が見分けるということでもあるはずだ。というのも、著者にはそれぞれ個々の思想、問題意識、時代背景、また執筆に向けての志や目的などがあり、それらが文章の書き方と深く関連しているからである。たとえば、テキストの章立て、構成、単語の選択、全てが著者の意図を反映しているはずである。単語ひとつをとっても「尊厳死」と記すか「安楽死」と記すかにより著者の立場や尊厳死に対する思い入れが読み取れる。このようなディテールは無意識のうちに読者の解釈を左右するものであるが、Reading and Content Analysisでは、この「無意識」のうちに構築される印象を意識化することを目指す。また英語を外国語とする学生の場合、重要なディテールが意味を持たないまま頭を素通りしてしまう危険性もある。いずれにせよ、正確な理解を確認するためにはテキストの意味を構成している要素に目を配り、根拠のある推測を経て、解釈へ到達することが求められている。

　ここまでReading and Content Analysisの最終到達目標とするテキストの「理解」を4つの例をもって紹介してきた。最後に強調しておきたいのが、これら全ての例において、テキストの理解が口頭、あるいは文章によって表現されなければならないということである。つまり、アウトプットがなければどのように高度な理解も無意味に終わる。

　これらをふまえ、このような分析読書の技能を訓練するために、実際にどのような指導が行われるか、という点に移ることにしよう。

4. 分析読書に必要な技能

　前節で述べられた通り、Reading and Content Analysisの到達目標は分析読書技能の育成、さらに分析読書でインプットされた情報を吟味、分析し、口頭または文章で第三者に正確に提示、説明する発信能力を身につける

春学期		
テキストテーマ テキストタイトル	リーディング技能 到達目標	ライティング 技能到達目標
トピック1: Educational values（教育観） "What Every Yale Freshman Should Know"	1. テキストを概観する 2. テキストに注解を入れる 3. キーワードと定義を見つける 4. テキストの概念を図式化する	1. パラフレーズとは何か、どのような時、なぜパラフレーズする必要があるか パラフレーズの仕方を学ぶ
トピック2: Argumentation（論証） "The Analysis of Propaganda" "The Techniques of Propaganda"	5. トピックセンテンス、主要点 & 主要点の根拠、理由を読み取る 6. 言い換えられている文（パラフレーズ）を読み取る	2. サマリーとは何か、どのような時、なぜサマリーをするのか サマリーの書き方を学ぶ 3. 定義文の書き方を学ぶ
秋学期		
トピック1: Intercultural communication（異文化間コミュニケーション） "Cues of Culture"	7. テキスト構成分析 8. キーポイントの概略（アウトライン）	4. アカデミックなテキストをパラフレーズする技能を磨く 5. アカデミックなテキストの一部分をさまざまな構成やアカデミックな表現を使いサマリーを書く技能を磨く
トピック2: Issues of race（人種問題） "Prologue" "Sweeping toward a Racial Abyss" "Epilogue"	9. 事実と意見の区別	
冬学期		
トピック1: Bioethics（生命倫理） "Euthanasia: An Introduction"	10. テキストの目的を分析 11. テキストの対象読者を分析 12. 推論 13. 証拠を分析	6. アカデミックなテキストをパラフレーズする技能をさらに磨く 7. アカデミックなテキストの広範囲に渡り、さまざまな構成やアカデミックな表現を使いサマリーを書く技能をさらに磨く
トピック2: Visions of the future（未来への展望） "Transition to a More Sustainable World"	14. 1年間に学んだリーディング技能を統合	

表1 Reading and Content Analysis リーディング技能、ライティング技能到達目標

ことである。このような技能を身につけるためには具体的には何を学んでいけばよいのであろうか。Reading and Content Analysis は分析読書、また理解した情報の発信を最終到達点と掲げ、学習者が理解を促進する際に取る行為、つまりストラテジーを導入し訓練を行う。

　分析読書という包括的な技能、さらに自分の理解したことを発信する技能を身につけるためにはどのようなストラテジーの訓練が必要であるのか Reading and Content Analysis の担当教員が話し合いを行い、ストラテジーを選定してゆく。その際、分析読書のためのストラテジーをリーディング到達目標、発信のためのストラテジーをライティング到達目標と2分化している。

　ストラテジー選定の際、次の点に留意している。第一に1年次の ELP を履修するほとんどの学生にとって英語は外国語であり、外国語を学ぶとは母語とは異なる語彙、文法を学ぶのみならず異なる文化的、レトリック的構成に触れるということ。次に ELP1 年次の約9ヵ月という期間で到達目標に達することを目的としているということである。

　選定された各ストラテジーはどの学期のどのトピックのどのテキストにおいての導入が効果的であるかについての討議が行われる。年間シラバスの中で他のスキルとの繋がり、スキル自体の難易度、学生の言語能力の上達を考え、また ELP リーダーに掲載されているテキストのジャンルに即するように編成したものが Reading and Content Analysis リーディング技能・ライティング技能到達目標である。

　各到達目標は Reading and Content Analysis を担当している教員により毎学期見直され、毎年最終学期に次年度のために再検討される。2005–2006年度の Reading and Content Analysis の技能到達目標は毎学期、毎年教員によって行われてきた検討の積み重ねの産物である。

>4.1　到達目標とするリーディング技能

　分析読書技能育成のために目標として掲げられているのは多様なアカデミックなトピックのテキストを分析的に読むこと、さらにアカデミックな学習に携わるために必要とされるストラテジーを学ぶことである。The ELP

Reader は多様なアカデミックなトピックに触れさせるために編纂されており、「教育観」(educational values)、「論証」(argumentation) など6種類のトピックから構成されている。さらにさまざまなテキスト構成をも網羅するために複数のジャンル、テキスト構成部分を取り上げている(第4章 4.1 表2 The ELP Reader のトピック参照)。

アカデミックな学習に携わるために必要なストラテジーとして年間で14種類のストラテジーが導入される。春学期に学生は1. テキストを概観する (survey a text)、2. テキストに注解を入れる (annotate the text) などテキスト内容を理解する上での基本的なスキルを学ぶ。これはアドラーの提唱する分析読書の第1段階「読者がテキストの種類(ジャンル)、大意(メインポイント)、大まかな構成、そして著者の執筆動機となった問題を把握する」ことにあたり、テキストと積極的に関わる active reading を促すストラテジーである(図2 分析読書の学習プロセス参照)。

秋学期にはさらなるテキストの分析が求められ7. テキスト構成の分析 (analyze text structure)、9. 事実と意見の区別 (distinguish facts from opinion) などのストラテジーが導入される。冬学期には著者の真意を行間から読み取るストラテジーである 10. テキストの目的を分析 (analyze the purpose of a text)、12. 推論 (make inferences) などを学ぶ。最後に今まで学んだストラテジーの復習として14. リーディングストラテジーの統合 (integrate reading skills) で締めくくられている。秋、冬学期で導入されるストラテジーはアドラーの分析読書の第2段階「テキストの内容を正確に解釈する」ことである。この2学期のリーディングで著者の意図、意見を理解、分析、統合、推測、解釈する思考プロセスに充分に時間をかける(図3 分析読書の学習プロセス参照)。

それでは実際にストラテジーがどのように授業で教えられていくのか、1年生春学期の初めのトピック、Educational Values を例に取り説明をする。ストラテジーの中でも最初に導入されるテキストを概観するの意義、テキストの概観の一例である Who says what to whom for what の授業実践例、テキストの概念を図式化する授業の実践例を紹介しよう。

Educational Values で学生は教育観、特に高等学校と大学の教育の目

的の違い、高校生、大学生の教育に対する姿勢の違い等を考える。Reading and Content Analysis では "What Every Yale Freshman Should Know" というテキストが紹介される。

>>4.1.1　テキストの概観をつかむ（Survey a Text）

　テキストを概観するとはテキストを読み始める前にテキストの目次、題、表題、表、序論、結論などに目を通して、テキストの概要、アプローチ、方向性、難易度を把握するストラテジーである。テキストを読む前に概観を行うことにより、注意して読む点等が明らかになり効率的な読書ができる。さらに概略を把握することにより読者のスキーマが活性化される。スキーマとは「過去の経験（知識）を基盤にした心的枠組みで、新しい情報を受ける手段として構築され、その枠組みを通して新しい知識が理解される」と定義されている（ジョンソン・ジョンソン 1999、p. 368）。つまり未知のテキストを読む際、テキストの概観で内容の概略をつかみ、その内容に対して自分の過去の経験、知識を活性化し理解してゆくプロセスが始まるのである。対象言語の文化的、社会的意味を共有していないからこそ、英語を外国語として学ぶ際にスキーマの活性化を訓練するタスクつまり目的達成のため意味に重点をおいた言語使用を要求する活動が重要だと考えられている（ジョンソン・ジョンソン、1999）。

　テキストの概観の一例として 3.1 テキスト全体の理解（例 1）で紹介されたアドラーが提唱する "Who says what to whom for what" についてさらに具体的に説明したい。

>>4.1.2　テキストの文脈を理解する（Who Says What to Whom for What）

　春学期の Reading and Content Analysis の授業でまずこのストラテジーが紹介される。これはひとつの事象について述べられているテキストも著者、対象読者、執筆目的により内容が異なることをテキストを読む前に知り、スキーマを活性化し内容を予測するという分析読書への導入的なストラテジーである。著者または情報源によって内容が異なることを具体的に示

し、実感してもらうために効果的なタスクをひとつ紹介しよう。

●英字新聞

まずインターネットでアクセス可能なオンライン英字新聞からあるひとつの事柄(特に政治色の強いものがよい)に関して複数の国(4ヵ国ほど)の主要新聞の記事を用意する。各記事の新聞名と記事を切り離し、記事を数枚用意する。

授業で学生を1グループ約4名のグループに分け、グループの各メンバーに異なった内容の新聞記事を配布する。新聞名を教員が板書する。グループ内で各学生は自分の担当した記事を読み、内容を他のメンバーに報告する。そして記事の視点、論点、主張を考えながら、グループで記事と新聞名を結び付けグループごとに発表する。発表の際、記事と新聞名を結び付けた根拠も挙げてもらう。最後にこのタスクから学んだこと、このタスクの意味についてもクラス内で話し合う。

このタスクには政治色の濃い新聞記事を使用するとわかりやすいので、必ずしも言語的に簡単な内容の記事ばかりを使用するわけではない。しかし背景知識を利用しスキーマを活性化させ内容を理解し、ほとんどのグループが記事内容と新聞名を結び付けることができる。記事内容と新聞名を結び付けるというタスクにより学生たちは記事の視点、使われている単語のニュアンス、構成などに目を向ける。このように単語・構文以外からも情報を得ることは分析読書では大切なスキルである。さらにわからない単語を文脈から推測するという背景知識の重要性を実感させるためにも効果的なタスクである。

なぜこのストラテジーが学生にとって有用であるのか。ひとつには前述した通り、スキーマを活性化するからである。英語を第二言語として学ぶ際のリーディングの研究によると初歩的な学習者はテキストを理解する際に個々の語や構文に集中しそこから理解しようとするが、上級者は背景知識、文化的スキーマ、テキスト構成のスキーマを活用し理解を促すと言われている (Oded & Walters, 2001)。英語でアカデミック活動に従事する際に重要なストラテジーである。

>>4.1.3　情報のつながりを図式化する (Map Ideas in a Text)

　テキストの概念を図式化することを英語では"map"以外にも"clustering""mental mapping"等、さまざまな表現が使われるが、ある情報を考え、消化し、その情報を元の形式とは異なる図式という形式で再構築することを指す。図式を使用し、テキストの大意を理解するタスクを紹介しよう。具体例として本章の筆者のひとりである藤井が2004年5月に行ったReading and Content Analysisクラスを例として挙げたい。筆者のもうひとり、渡辺はオブザーバーとしてそのクラスに参加した。

　この授業では図式で使用するテキスト"What Every Yale Freshman Should Know"を宿題として学生たちは精読し、充分に理解していることを前提としている。

　A3サイズ程度の白紙を各学生に配布する。学生にテキストは閉じておくよう指示をする。

ステップ1: 各学生が個人で重要なポイント、キーワード、重要なポイントのサポートとなる点をなるべく短い語で白紙に書き留める。
ステップ2: ステップ1で書かれた語のリーディングの中での関連性(例、定義など)を円形、線、矢印などを使い繋げていく。
ステップ3: テキストの内容と自分の図式を照らし合わせ、さらに語を書き加え補っていく。
ステップ4: 3〜4人のグループになり、他の学生と図式を比べ合う。
ステップ5: テキストを開き、無作為に一文を選び、その文が各自、自分が作成した図式で説明されているか調べる。説明されていない場合さらに図式をよいものにする方法を考える。

　テキストを理解する際、英語学習者は内容の概要をつかむことよりも単語、構文などテキストの細部にこだわってしまうようだ(Horiba, 1996)。図式化はテキストの情報を頭の中で解体し、整理し、別の形で再構築するということを可能にする。テキストの主題、要点、キーワードを選び、その間の関連性を示していくという作業のため内容概要理解を促す上で有用なスト

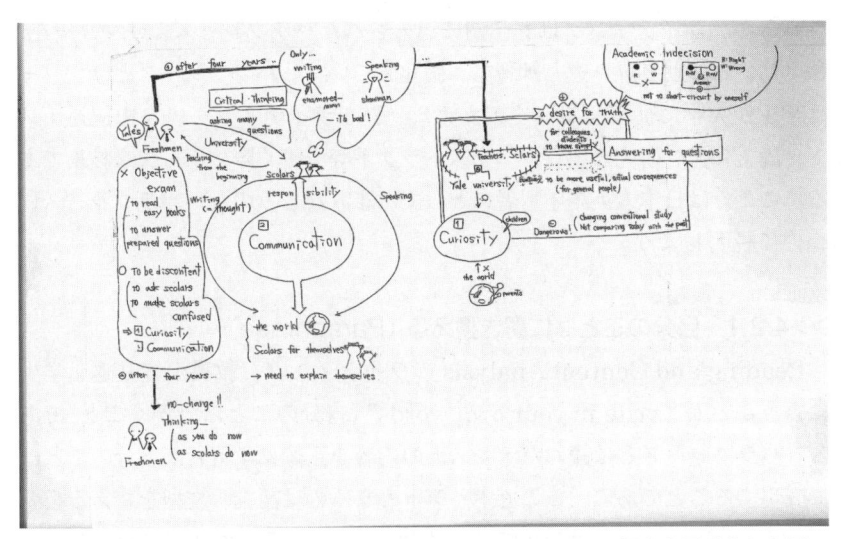

図5 "What Every Yale Freshman Should Know" の概念を図式化した例

ラテジーである。

　はじめはテキストを文ではなく図式という形で表現するタスクにとまどいを隠せない学生もいる。また図式化の手順を説明されてもなかなか単語を紙面上に書けない学生も見かける。理解した情報を表現するにはさまざまな方法があることを学生に紹介するにも効果的なタスクである。

>4.2　到達目標とするライティング技能

　前述した通り、Reading and Content Analysis の目標の第2点は読んだテキストの内容を口頭または文章で第三者に正確に提示、説明する能力を養うことである。他者から受けた情報を自分の中で考え、分析し、解釈し、書くことによりさらに理解が深まる。アカデミックコミュニティーではライティングが自分の考え、解釈を表現する方法であり、コミュニティーに参加するための必須条件である。

　リーディング同様、Reading and Content Analysis 教員によりライティング技能到達目標が討議され決定される。リーディング技能到達目標はトピックで扱われるテキストに合わせ年間14項目ものストラテジーが導入

されるが、ライティングは春学期に導入されたパラフレーズ、サマリーを、秋学期、冬学期と繰り返し練習し、強化していく。パラフレーズとサマリーは学生が大学で従事していくアカデミックなライティング、自由記述テスト、論文の先行研究の要旨、アブストラクト等を書く際に不可欠な技術である。ここでは日本人英語学習者にとってあまりなじみのないパラフレーズについて説明しよう。

>>4.2.1　自分のことばに置き換える（Paraphrase）

　Reading and Content Analysis のライティングで教員が繰り返し学生に言うことが "write in your own words"（自分のことばで書くこと）である。パラフレーズとは読んだテキストの内容を正確に学習者が自分のことばで表現することである。ここでポイントとなるのは語彙、文型を変える必要があること、また内容は変えてはいけないことである。学生はパラフレーズの重要性を特に次の2点について教授される。まずパラフレーズはテキストの内容を理解した指標となるということ。読んだテキストの内容をそのまま書き写すことは内容を理解していなくてもできる行為であり、テキストを読みインプットした情報の意味を考え、分析し、自分の言葉でアウトプットを行うことが可能になり初めてテキストを理解したと言える。高校までの教育では理解を示す際に正しい答えの箇所をテキストから抜粋することに慣れていた学生にとって、パラフレーズを行うことは容易ではない。このため1年間かけて充分に練習を重ねてゆくのだ。

　次にパラフレーズは剽窃・盗作行為を避けるために不可欠だということ。剽窃とは「他人の作品・考え・研究成果を自分自身のものとして偽ること」であり、「他の作者によって書かれた著作や記事からその出典を明らかにしないで文書を写すこと」も剽窃行為にあたる（ELP Student Handbook 2005–2006, p. 15）。ICU に入学時には剽窃・盗作行為とは何であるかを知らない学生がほとんどである。剽窃・盗作行為の深刻性は ELP オリエンテーションで、また ICU のウェブページで、さらに ELP の学生用ハンドブックで説明されている。大学でアカデミックな研究活動に従事し、将来国際舞台で活躍していくため、学問的倫理基準を維持することは不可欠な

大前提となる（ELP Student Handbook 2005–2006）。

　ライティング技能到達目標の説明をするにあたり再び春学期に行われるひとつのレッスンを例にとろう。春学期のライティングスキル到達目標はパラフレーズ、サマリー、定義の書き方と3本の柱から成り立っている。（表1 Reading and Content Analysis リーディング技能、ライティング技能到達目標参照）

>>4.2.2　定義文を書く（Write a Definition）

　定義文の書き方はパラフレーズ、サマリーに並んでアカデミックライティングでは重要なスキルである。テキストで、あるトピックを論じる際、著者と読者が同じ前提、基盤に立って初めて読者も著者の主張を正確に理解し論議が可能となる。このためアカデミックなテキストでは主題となるトピックが序章で定義されていることが多い。定義を書くタスクの具体例をここで紹介しよう。

　学生を3〜4人のグループに分け、各グループで3つの単語を定義してもらう。一番目は"Lemonade"、次に"Love"、三番目の単語は学生たちが最近使用する日本語の新語から1語選んでもらう。定義の際に辞書、テキストは参照せずにグループのメンバーで協力して定義を書いてもらう。約20分学生に時間を与え各グループ3語の定義を板書してもらう。大抵次のような定義が板書される。

Lemonade
Lemonade is a drink which is made of water, lemon, and sugar.
Lemonade is a kind of drink which has water, lemon, and honey.
Lemonade is a drink with water, lemon, and sugar.

Love
Love is a feeling that a person has toward others whom he/she cares very much.
Love is an uncontrollable feeling.
Love is all you need.

Soteinai

Soteinai means what happened was within the boundary of what was expected.

　まず学生にLemonadeの定義を読んでもらい、一番良い定義を選び、その根拠を挙げてもらう。この際学生は文法的に正しい文、内容が包括的なものを選ぶことが多い。さらに板書された定義文がほとんど同じ文構成をしていることに注目してもらい、共通項から定義を書くときの構文を挙げてもらう（例えば、定義される単語 + is, means, refers to 等の動詞 + 定義される単語が所属するグループ + that, which + 定義される単語の特徴など）。

　次にLoveの定義を読んでもらい一番良い定義を選んでもらう。ここで学生の意見が一致することはほとんどない。皆、自分のグループが書いた定義が適切だという。なぜLemonadeの時にように意見が一致しないのか尋ねると、Loveというような抽象な概念には個人の解釈があり、よい定義を決められないという意見がでる。ここで学生にLemonadeの定義文とLoveの定義文では性格が異なることを確認してもらう。Lemonadeはいわゆる「辞書に掲載されている定義」であり、Loveは「個人の解釈の定義」である。

　最後に各グループが板書した新語を読む。新語に関してはこの定義でよいかクラスの中で話し合う。

　このタスクのポイントは定義構文を教員が学生に教えるのではなく、学生に定義構文を書く機会を与え、まず構文を意識化させることにある。そして構文が意識化されてから明示的に文法の説明をする。意識化活動により特定の構文を認識し、その構文が保持されるという研究もある（Ellis, 1995）。ELPでは文法説明、構文説明など学生が受け身になりがちな指導項目も学生の意識化を促しモチベーションを高め、自律した学習者の育成を目指している。

　本項では分析読書の技能を訓練するためのストラテジーと具体的な指導例を紹介した。次項では秋学期のひとつのテキストを例に取り、ストラテジーが授業の流れの中でどのように導入されているか説明したい。

5. 学習の流れ

　前項では Reading and Content Analysis で1年かけて指導するリーディング・ストラテジーについて解説した。外国語である英語で、分析読書という技能を身につけなければならない学生にとって、ストラテジーを駆使してテキストの理解を深めて行くことは有用である。ここではひとつのテキストをとりあげ、そのテキストを7回の授業(レッスン)でどのように扱うかの例を紹介したい。例として取り上げるのは秋学期のひとつ目のトピック、異文化コミュニケーションであり、テキストは Cues of Culture: The Basis of Intercultural Differences in Nonverbal Communication である。なお、繰り返し述べるように授業は全て英語で行われる。ここに紹介するレッスンプランは秋学期の授業が始まる直前に行われた Reading and Content Analysis の教員による勉強会で、ひとりの教員が紹介したものをもとに、筆者が自分のクラスのためにアレンジしたものである。ここでは分析読書の訓練とストラテジー指導がどのようにかみ合っているのかを示すのが目的である。

　まず、導入のレッスン1では、前述したテキストを概観する(survey a text)というストラテジーを使用し、全体の理解を図る。ここではテキスト全体の構成や主要な点の見つけ方の指導をする。グループワークやクラス全体での学習を織り交ぜて授業が行われる。次回のレッスン2までの宿題は、テキストの前半を読むことである。宿題を説明するときに教員はストラテジーに言及するだろう。というのも、長いテキストなので、skimming をし、トピック・センテンスなどに注目して読まないと宿題に膨大な時間を費やしてしまう恐れがあるからである。また、ここで学生は春学期で学習したように、テキストの余白に内容を自分のことばで要約したり、辞書で引いた語彙の意味を英語で書き込んだりする必要もある。つまり、自分で注解を書き込む(annotation)ように指導する。

　レッスン2は、テキスト分析の観点から、テキストの構成に焦点をあてた指導である。テキストの前半は理論的背景なので、用語の定義をある程度とらえればよいが、学生にはそれが見えない。そこで、この部分が理論的背

景である、ということがどのように示されているのか、どのようにして単語や文から読み取れるのかについて話し合う。そして、どのような文が特に重要か、また定義をどのように読み取るか、図の解釈も含めて指導する。このレッスンでも、まずグループで話し合い、その後、クラス全体で学生の発言を中心に授業を進めて行く。複雑な内容であるだけに、プログラムAの学生などは、なかなか言いたいことが言えないもどかしさがある。教員の説明も理解できないことも日常茶飯事である。教員は何回も丁寧に説明してみたり、板書を工夫してみる。また学生が表現に困っている時は教員や他の学生が助け舟を出すこともある。次回のレッスン3までの宿題は最後まで読むことである。テキストの後半では著者は6つの異文化理解のための指標を解説している。宿題の説明では、注解を書き込むように、そして、6つのセ

レッスン	授業活動	次回までの宿題	学習目標
1	テキストの概観 テキスト全体の構成の確認 前文の構成の確認	テキストの前半(8ページ)を読む、用語の定義に下線を引く、「文化」の定義をパラフレーズ	全体の理解 注解の書き込み
2	キーワードの定義の確認 主題の確認	テキストの後半を読む	テキストの分析 定義を見つける 注解の書き込み
3	各節の構成の確認 パラフレーズの練習 単語テスト	テキストの全体を再度読む(2回目) 読解を確認するプリント	テキストの分析 パラフレーズ 注解の書き込み
4	宿題のプリントの答え合わせ	テキストの全体を再度読む(3回目) テキスト分析のプリント	テキストの分析 注解の書き込み
5	テキスト分析のプリントの答え合わせ	要旨を書く	テキストの分析
6	要旨の読み比べ		テキストの統合、解釈
7	試験(応用問題含む)		テキストの統合、解釈
	プログラム・共通テスト		

表2　レッスン・プランの見本(秋学期): **Cues of Culture**

クションに共通する要素に注目するよう、テキスト分析の観点から指導する。

　レッスン3ではアウトプット、パラフレーズの練習が中心になる。テキストから抜粋した文をわかりやすい英語で言い直す練習である。各自考えた後、グループでお互いの案を比べ、その後、クラス全体で校正してみる。パラフレーズの練習にもなるが、難解な英文の意味の確認をする機会にもなる。このレッスンでは、テキストから選抜した語彙の単語テストも行う。次回までの宿題は2回目の読みに挑戦することである。前回までに読んだテキストに再度目を通し、今度はより深いところまで読めるはずである。読解を確認する問い（ワークシート）も与えられ、要点を自分のことばで書き出したり、情報を統合することが求められる。

　レッスン4ではまず宿題のワークシートをグループで答え合わせをする。難解だった問題のみクラス全体で取り上げる。レッスン3、4では学生の英語の実力によっては、文レベル、パラグラフレベルでの英文解釈を手助けするのに多少時間を割くことはある。しかし、ここで学生がつまずいている場合には、全ての文を理解することよりも、重要な文を見つけ、そこに時間を費やすように促す。それでもクラス全体での討議に時間がかかり、授業全体の予定が繰り下がってしまうこともある。混乱している学生は教員のオフィス・アワーを尋ねて質問することもある。また教員の方で学生をオフィスに呼んで指導する場合もある。次回のレッスン5までの宿題は、3回目の読みであり、さらに読み込むことが求められる。宿題として配布されるワークシートの問いはテキストの構造の分析や解釈などに焦点をあてる。

　レッスン5ではそのワークシートの内容を確認する。そして次回、レッスン6までの宿題は要旨を書くことである。著者が解説するさまざまな異文化間格差の指標のうちひとつを指定して書かせる。要旨はよいまとめになる。テキスト全体の主旨を踏まえて書かねばならないからだ。また、要旨を構成し、著者の主張を解説するにあたって、推測を行い、さまざまな情報を統合しなければならない。もちろん自分のことばで書くので、アウトプットの訓練になる。

　レッスン6では、お互いのサマリーを読み比べる作業になる。その後、1

対1または少人数の指導が必要な場合、Tutorialを実施する。学生が教員と時間を合わせて、教員のオフィスで個人指導を受けることができる。ここでの指導をもとに各自サマリーを書き直して提出する。

最後の授業、レッスン7は、クラステストである。これまで、Reading and Content Analysis において評価がどのように行われるか述べてこなかったので、ここで説明を加えたい。試験はテーマに合わせて1学期間に2回実施することになっている。テーマの終了時に2種類の試験が実施される。ひとつはクラステストであり、授業中に実施される。試験問題は各担当教員が自由に作成し、点数は各担当教員がつけて、学生の成績に各自組み込む。問題は自由ではあるが、ライティングを要求する問題でなくてはならない。著者の渡辺と藤井の場合、応用問題、推測や統合を求める問題を出題するのが通常である。3.1–3.4の例1から例4で示したような問題を出すこともある。学生が受ける2つ目のテストは、全学生が受ける統一テストである。金曜日の1時限目であるプログラム共通テストの時間に実施される。テスト範囲はテキストの内容、リーディング・ストラテジー、及び指定の語彙である。形式はマークシートを使用した四択問題で構成される。この2つのテストを受け、テストについてのフィードバックを受けて、ひとつのテキストの学習が締めくくられる。

6. リベラル・アーツ教育における分析読書の役割

Reading and Content Analysis が目指す読解能力の訓練が ICU の理念であるリベラル・アーツ教育、ELP の使命である基礎的学問能力の育成と深く結びついていることを最後に強調しておきたい。

まず、Reading and Content Analysis のコース到達目標、リーディング技能目標も ICU におけるリベラル・アーツにおいて重要視されてきた「思考能力」、「自己表現能力」、「メタ的視点」、そして地球市民としての「責任」（第1章3.2）をも反映しているのがわかる。たとえば、テキストを概観する、Who says what to whom for what の問いの説明にも繰り返しあったように、テキストの全体の意味をとらえることが重要視される。著者

の立場やテキストの対象、また書かれた目的を考える、ということは先にも述べたようにテキストの社会的な意味を考えることである。このように、広い文脈のなかで個別のテキストの意味、役割を考えることはまさにリベラル・アーツ教育で養われるべきメタ的視点、と言えるのではないだろうか。

また、4.1.3 で紹介したマッピングや、3.3 の例 3 で示したような問いにおいては、情報を統合する思考力を訓練する。テキストで取り扱われるさまざまな概念をそれぞれ関連づけること、またそれを既存の知識や経験、世の中の時事問題に関連づけることが重要視されているがわかる。このような思考力もやはりメタ的視点の育成ととらえることができる。

さらに、**Reading and Content Analysis** はあらゆる課題において、学生に根拠のある理解や解釈を求める。3.2 の例 2 でも示したように、分析読書では「なぜ、どのように」という問いかけが鍵となる。なぜそのような解釈になるのか。著者はどのようにしてその主張を裏付けているのか。分析読書は具体的な手がかりにもとづいた、批判的分析的思考、論理的思考が要求される。また「なぜ」著者はこの問題についてこのように論じているのか、3.4 の例 4 のように推測や解釈が求められる際にも、なぜそのような解釈に行き着いたかを、論理的に証明できないといけない。つまり、分析読書を行うことの訓練は客観的思考の訓練でもあり、批判的分析思考や論理的思考の訓練であり、これらは学生が情報を取り込む際に、根拠のある判断を確立できるための、自立した判断を下すための訓練であると言えよう。

そして、読解資料を情報として取り込み、その理解や解釈をアウトプットとして発信する、という自己表現の能力自体が、あらゆる市民活動、アカデミック活動の基本とも言えるだろう。そのプロセスがまた英語でできるように訓練することはまさに地球規模での社会参加を可能にする。

Reading and Content Analysis で培われる読解技能は「正確な理解」のための能力であり、第 2 章でも述べてあるとおり、アカデミック活動の出発点でもある。というのも、学術文献を正確に理解することが全てのアカデミック活動の基礎をなすからである。論文を書くにあたって、理論的背景を把握し、文献を取捨選択する必要がある。その上で、多くの情報を統合して、自らの結論をまとめ上げなければならない。その全ての段階において、

ひとつひとつの文献の正確な理解が前提となる。また、読解技能は批判的思考のプロセスの重要な要素でもある（Fowler & Aaron, 1999 他）。文献に対して自らの意見を持ち、その内容を評価する前の段階として、読者は著者の意図を正確に理解していなければならない。そして、なぜそのような理解にたどりついたかについて説明する責任もある。

このため、分析読書の技能は Reading and Content Analysis 以外の ELP の授業においても重要な役割を果たす。たとえば、第5章で解説された Academic Reading and Writing の授業で要求されるリアクション・ペーパー、エッセー、ディスカッションの課題を十分にこなすためには高度な分析読書の技能が必要となる。また、入学2年目で履修しなければならない Theme Writing（第9章）においても、学術論文を書き上げるために分析読書は不可欠である。言うまでもなく、分析読書は卒業論文を執筆したり、専門の授業を受講したり、大学院に進学する上でも、重要である。ELP で養われた分析読書の技能は、こうした場でより一層磨かれて行く。

最後に、Reading and Content Analysis で扱うテキストの内容も ELP の教育の重要な要素だということを言っておかなければならない。Reading and Content Analysis の授業では学生がテキストとじっくり向き合い、著者の意図を読み取るよう努力する。テキストが論じる問題について深く考える。たとえば、学生は大学教育の意義を唱えるテキストを精読し、また、異文化コミュニケーションの分野での理論構築を目指すテキストを精読する。ここで「学問」の世界について理解を深めることになる。また、優生学や尊厳死、持続可能な社会についてのテキストを読み、人間としていかに生きるかを考えることが期待される。Reading and Content Analysis において、分析読書という技能はもちろんのこと、その技能を駆使して得られるテキストの理解そのものもリベラル・アーツ教育を担う大切な要素なのである。

7. おわりに

ここまで、Reading and Content Analysis でどのような読解力を養

い、その読解力をどのように訓練しているか、具体的なレッスンプランなどを紹介しながら解説した。**Reading and Content Analysis** は、テキストを正確に理解するための訓練を行う中で、学生が、テキストを分析し、推測や解釈を加え、統合することを指導していることが明らかになった。また、外国語である英語で書かれたテキストを読む際に有用な方略、また英文特有の文章構成などを学習していく。さらには、テキストに対して構築した自らの理解や解釈を自らのことばで正確に表現する訓練を行う。そして、この一連のプロセスは、テキストの内容とともにリベラル・アーツの理念に基づいた思考力を養成し、基本的学問能力の一部を担っている。

本章で記したのは執筆時点での **Reading and Content Analysis** の姿である。というのも、このコースは担当教員が話し合いを重ねるなかで常に進展を続けているからである。そのために教員が常にお互いでコミュニケーションをとり、授業の様子や抱えている課題を話し合うことが重要である。また、英語教育理論の動向にも目を向け、学生の声にも耳を傾ける必要がある。これらの情報を総合して、使用テキストを見直すこと、ライティング教材を開発し、語彙の指導法を変えることもある。

最後に付け加えなければならないことがひとつある。担当教員が **Reading and Content Analysis** の在り方について考えるときに、おそらくひとときも忘れることのないのは、担当教員が全員日本人教員であるということである。担当教員自らが英語学習者であり、そして「英語」や英文のテキストを日本人として見ている、という視点を充分に生かした授業になることを念頭においていると言えるだろう。

注

1. 本章は1節から3節、5節及び6節を藤井彰子が、4節を渡辺敦子が執筆担当した。

参考文献

Adler, M.J., & Van Doren, C. (1972). *How to read a book*. New York: Simon & Schuster, Inc.

Ellis, R. (1995). Interpretation tasks for grammar teaching. *TESOL Quarterly,*

29, 1, 87–105.

English Language Program. (2005). *ELP staff handbook 2005–2006*. Tokyo: International Christian University.

English Language Program. (2005). *ELP student handbook 2005–2006*. Tokyo: International Christian University.

Fowler, H.R. & J. E. Aaron (1998). *Little, brown handbook* (8th ed.). New York Addison-Wesley Educational Publishers.

Horiba, Y. (1996). Comprehension processes in L2 reading: Language competence, textual coherence, and inferences. *Studies in Second Language Acquisition, 18*, 433–473.

Oded, B., & Walters, J. (2001). Deeper processing for better EFL reading comprehension. *System, 29*, 357–370.

English Language Program. (2005). *The student guide to writing in the ELP*. Tokyo: International Christian University.

ジョンソン、キース・ジョンソン、ヘレン(編) (1999)『外国語教育学大辞典』大修館　岡秀夫(監訳) Johnson, K., & Johnson, H. (1998). Encyclopedic dictionary of applied linguistics. Oxford: Blackwell.

Chapter 7

Narrative Presentation
講義　　　　　　　　　　　　　藤井彰子

1. はじめに

　ELPにおいて大人数を対象に行う一斉授業がひとつだけある。それは、週に1コマ(70分)、プログラム毎に大教室で行われるNarrative Presentationという名の授業である。第4章のカリキュラムの概要の中でも記述したとおり、Narrative Presentationは講義形式の授業であり、Academic Reading and Writing及びReading and Content Analysisで扱うトピックの理解を深めることを目的で行われている。本章ではNarrative Presentationの概要を説明し、具体例を織り交ぜながらその教育目標や特質について解説して行く。

2. Narrative Presentationの概要

　Narrative Presentationは各学期、3人の教員が担当し、それぞれの教員が数回の講義を受け持つ。講義の内容は各担当教員が自由に決めることになっている。ただし、先に記述した通り、Narrative PresentationはAcademic Reading and Writing及びReading and Content Analysisと統合されているため、講義の内容は学期毎に設定している共通のテーマに関連している。よって、共通テキスト(The ELP Reader)で提示される視点や問題提起を踏まえて行われる。その具体例として、表1に示した2005年度秋学期のNarrative Presentationの全講義のタイトルを参照されたい

題名
1　Readings and Central Topics
2　Nonverbal Codes and Metamessages in Intercultural Communication
3　Introduction to Perception
4　Introduction to Race
5　Issues of Race: Racial Stereotypes
6　Current Issues in Eugenics and Race
7　Little Black Sambo
8　Ethnicity, Identity and Survival of a People

表1　2005年度秋学期 Narrative Presentation 一覧

（表1参照）。秋学期の共通トピックは2つ、Culture, Perception, and Communication と Issues of Race である。

　Narrative Presentation には大きく分けて2つの重要な目標がある。まず、講義を通して ELP で扱う共通テーマについての背景知識や問題点に関する教員の解釈などが提供されるため、基礎的学問能力において不可欠な学問的思考能力の育成に貢献するという役割がある。2つ目は、英語で講義を受ける訓練としての役割である。次項では、以上に述べた2つの目標について説明を加え、Narrative Presentation の特質について解説して行く。

3. 学問的思考能力の育成における講義授業の意義

　Narrative Presentation では、Academic Reading and Writing 及び Reading and Content Analysis で扱う共通テーマに関連した話題がさまざまな観点から取り上げられるということについては表1に示した通りである。ELP では共通テーマに関するいくつかのテキストを学生は Reading and Content Analysis で精読し、Academic Reading and Writing で多読する。その上で自らの意見を発展させ、自分の分析を「主張」（argument）という形で小論文に論じる。第4章図1で示されている通り、この学習過程において Narrative Presentation はさまざまな役割を果たし得る。テーマの導入時での役割、テーマを掘り下げる段階での役割などがあ

り、たとえば、小論文のための自らの切り口をさぐるにあたって、学生はNarrative Presentation の講義をひとつの参考資料として利用することができる。より具体的に解説するため、ここでは冬学期のテーマ「生命倫理」を例に取り上げよう。

　冬学期のテキスト（ELP Reader）には尊厳死やクローンの是非について論じる文献が含まれている。先に説明した通り、これらのテキストはAcademic Reading and Writing 及び Reading and Content Analysis の授業で並行して取り上げられている。冬学期の Narrative Presentation の講義のひとつでは、特に尊厳死に関連して教員のひとりであるオコネル氏が「死を選ぶ権利」についての主張を展開した。オコネル氏本人の身近な経験も例として挙げられ、なぜ死を選ぶ権利が個人にあるのか、氏はその主張の裏づけとなる例や宗教上の対立する見解を紹介しながら論証した。さて、この講義がどのように学問的思考能力の形成に貢献し得るかをここで考えてみたい。まず、講義で斬新な見解が展開されたことにより学生は自分と異なる意見と出会う機会、または自分の考えや価値観が揺さぶられる機会を得たと言えよう。そして、他人の意見とのすり合わせを強いられることにより、自分の考えがより明確化することが期待される。また、ひとつのテーマに対しての多様な解釈と向き合うことは、講義内容を学習範囲の情報や既成の事実としてではなく、論理、ひとつの主張、解釈として受け止める訓練となるだろう。このような訓練は自らが一貫性のある主張を練り上げ、論理的にその主張を説明するためのひとつの手本にもなると言えよう。

　先にも言及した通り、ELP で扱う各テーマの導入も Narrative Presentation で行っている。引き続き、冬学期を例に用いて解説する。別の教員の深尾氏が上記の「生命倫理」のテーマを導入し、尊厳死を扱うテキストの紹介を行った際に、講義を通じて「いかに著者の立場を読み取るか」という挑戦が学生に投げかけられた。テキストは尊厳死に対して一見中立的な立場で是非を提示しているように受け止めることができる。が、著者の背景、文章の構成などを考察するにつれ、筆者のバイアスが浮き彫りになってくる。このように深尾氏は学生に問題提起を行った。テーマの導入時には学生の興味を刺激することに止まらず、さまざまな疑問や課題を提示することによ

り、学生の思考をさらに踏み込んだ段階へと導く働きがなされている。深尾氏の講義は、著者の真の意図を読み取るまではテキストの持つ社会的な意味を読み取っていることにはならない、というメッセージを学生に発信したのだ。学生に、客観的思考、分析的、そして批判的思考の重要性を伝えようとしたのであろう。Narrative Presentation が基礎的学問能力、リベラル・アーツ教育で求められる思考能力の育成に貢献し得るよい例と言えよう。

さて、4月に入学してくる学生にとって、英語でこのような高度な内容の講義を理解することは容易なことではない。講義を理解する手助けとしてどのような工夫がなされているかを次に解説する。

4. アカデミック・リスニングの訓練

大学の授業を受けるための基礎的学問能力として、1年生には講義の内容を理解し、整理し、他の情報と統合する力が必要とされる。加えて、ICUでは多くの授業が英語で行われること、交換留学やその後の進路での留学を希望する学生が多いことで、英語で講義を理解し、要点を理路整然としたノートにまとめあげる、英語でのアカデミック・リスニングの力も必要となる。したがって、まず、英語での講義の構成に慣れる必要がある。そのためには、メインポイントと例が交互に提示され、ひとつの主張が築き上げられる中で、アウトラインをつかみ、情報の取捨選択をする作業の訓練が必要である。Narrative Presentation では構成が明瞭である講義を繰り返し提供することによってこのようなアカデミック・リスニングの訓練を英語で行う。コミュニケーションが主に一方通行である大教室で、70分の長い講義を週に1回受けることは極めて実践的な訓練と言えよう。集中力も養い、不完全な理解ながら講義の大意をつかむ技量と自信を持つことが期待されている。

講義が学生のニーズに配慮して行われることも強調しておきたい。例えば、学生の理解を補助するために、講義の構成が明記してあるアウトラインが与えられる。春学期は資料として配布されることが多く、学生はキーワードや例を書き込めばノートは比較的簡単に完成できる。講義の構成をつかむ

能力が上達するにつれ、秋学期、冬学期と、教員が提供する補助材料は簡素化され、口頭でのみ伝えられることが多くなる。また、春学期においては、Narrative Presentation は第8章で述べる Communicative Strategies 科目のひとつである Academic Listening and Note-taking の授業と特に結びつきが強い。学生は Narrative Presentation で作った講義ノートをもとに Academic Listening and Note-taking の授業で毎週、Note-taking Reflection Sheet を記入することにより、自己評価をし、クラスメートからもフィードバックを得る。また Academic Listening and Note-taking の授業でさまざまな講義のテープを繰り返し聴き、その構成をつかむ練習を通して、Narrative Presentation の内容を正確にかつ効率的に把握する能力を身につけることができる。最後に、学生のニーズに配慮した授業として特記すべきなのは、Narrative Presentation はプログラム毎に行われ、講義を行う教員がそのプログラムの英語習熟度に配慮したスピードや語彙を使って話すことである。ICU では英語の講義を ELP 以外で受ける機会も当然ある。しかし、自分の理解力に適した講義を1年間受けることは学生の自信にもつながり、アカデミック・リスニング力の向上につながるだろう。

5. その他の教育的意義

上記の2点が Narrative Presentation の主なる教育目標である。Narrative Presentation にはそれ以外にいくつかの興味深い側面があるので、最後に簡潔に紹介したい。まず、日ごろは別々のクラスで違う教員に指導を受けている学生がレベル別ではあるが、全員集まるという貴重な機会である。したがって、Narrative Presentation では Academic Reading and Writing 及び Reading and Content Analysis で扱っているいくつかのテキストについて包括的に解説を受けること、共通するテーマについて、つまり、Narrative Presentation を通じて Academic Reading and Writing 及び Reading and Content Analysis の結びつきが強化され、異なるクラスで学ぶ学生に共通の基盤ができる。

次にアカデミック・リスニングに関して付け加えたい点がひとつある。現代の学生にとって必要なアカデミック・スキルとして、「講義の受け方」、つまり、「話を聞く姿勢」や大教室で質問する技術をもし考えるならば、Narrative Presentationはこのようなスキルを養う場でもあると言えよう。教員は完全に静かにして集中することを学生に要求する。またインターアクションを求める場合もある。

とりあげるテーマは必ずしも教員の専門とは限らない。だが、教員が自ら勉強し、テーマと向き合った結果練り上げた講義を聞くというのは教員にとっては自分をさらけ出す場でもあり大変な準備と努力を要する。それだけに、学生にとってはひとりの人間として、担当教員のものの見方、考え方に触れる機会として興味深いであろう。日本人の教員も Narrative Presentation を担当することがあるが、その際、自分たちと同じ英語学習者が英語で70分講義をする、という点で、学生にとっては英語を母語とする教員と同様に英語で講義する日本人教員はロールモデルになると思われる。

最後に評価の問題に触れたい。大教室の授業では評価方法について必ず悩まされる。Narrative Presentation に関してもさまざまな取り組みがされてきた。現在は講義の始まる前にマークシートが配布され、講義の終了時に担当教員が小テストを出す。学生はその場でマークシートに答えを記入し、提出して帰る。この小テストは出席と評価を兼用するわけだが、決して満足な方法とは言えない。この点は引き続き考えていきたい課題のひとつである。

6. おわりに

本章では Narrative Presentation がどのような授業であるか、教育的意義を軸に解説を試みた。大教室で受ける英語の講義、という一般的な型を通して、実に多面的に ICU の理念、ELP の教授目標と有機的につながっていることが明らかになったことを願う。講義内容はリベラル・アーツの精神や基礎的学問的能力を養成するものであり、講義の方法は英語力を向上させる工夫が組み込まれている。そして Narrative Presentation のさまざ

まな教育的意義が Academic Reading and Writing, Reading and Content Analysis, Academic Listening and Note-taking といった ELP の他の授業と共鳴し、相乗効果を生み出すように工夫されていることも明らかになったことを願う。

Chapter 8

Communicative Strategies
コミュニケーション・ストラテジー 桐村美香

1. はじめに

本章では、1年次に履修する Communicative Strategies 科目一連の到達目標について解説する。さらにいくつかの特徴のある科目について、その歴史やさまざまな改革がもたらした影響、具体的な授業内容例などを挙げ、これらの科目がどのように ICU での学びを支えてゆくのかを示していく。

2. ICU における Communicative Strategies

「コミュニケーション」という名の英語コースがあった場合、どのような授業が展開されていることを想像するだろうか。一般的には、文部科学省の学習指導要領に記載されているオーラル・コミュニケーションのように「日常生活の身近な話題について、英語を聞いたり話したりして、情報や考えなどを理解し、伝える基礎的な能力を養うとともに、積極的にコミュニケーションを図ろうとする態度を育てる」ことを連想するかもしれない（文部科学省、Taguchi, 2005）。あるいは Computer-Assisted Language Learning (CALL) のようにコンピューターを授業に導入しながら雑誌記事について簡単な発表や質疑応答を行う（グールド、2005）英会話力育成コースのような授業内容を思い浮かべることが多いのではないだろうか。

ICU における Communicative Strategies コースは、第2章及び第4

≪Communicative Strategies

章でも述べた通り英語でアカデミックな情報収集をする上で、もしくは情報伝達するために必要となる実践的コミュニケーション能力全般を網羅し指導しているのが特徴である。春学期には Academic Learning Strategies, Academic Listening and Note-taking, Academic Speaking 1・2 が開講されており、秋・冬学期には 2 科目選択制で Listening Skills and Strategies, Advanced Academic Speaking, Pronunciation, Communication through Multimedia, Vocabulary Acquisition が開講されている。

これらの関連科目で具体的な技術指導をすることにより、並行して履修する ELP の中核となるコースや 2 年次以降に履修する専門科目の学習を支えられるように設計されている。また Communicative Strategies 各科目での学びを通して ICU の国際性豊かなキャンパスライフに積極的に参加できるようにするのも狙いのひとつである。つまり ICU における Communicative Strategies の科目は通常の「英会話」能力を伸ばすことを目的とした授業とは異なる、ということをまず強調しておきたい。

3. 春学期のコース到達目標

第 4 章でも述べたが大学入学直後からプログラム A と B の学生は必修で Communicative Strategies の各科目を履修することが義務づけられている。

春学期は表 1 に記述されている通り Communicative Strategies 科目

学期	科目名	コマ数(週)
春	① Academic Learning Strategies ② Academic Listening and Note-taking ③ Academic Speaking 1 & 2	1 1 各1
秋・冬	④ Listening Skills and Strategies ⑤ Advanced Academic Speaking ⑥ Communication through Multimedia ⑦ Pronunciation ⑧ Vocabulary Acquisition	1 1 1 1 1

表1　**Communicative Strategies** 科目一覧とコマ数

①②を毎週1コマずつ、また③に関しては科目が2種類に分かれているため、合計で週2コマ履修することになっている。

　それでは具体的にはどのような目標が設定されているのか簡単に説明したい。まず、①Academic Learning Strategiesでは、学生に基本的な学習スキルや学習ストラテジーを習得してもらうことを主な目標としている。例えば、ELPで非常に多く行われるグループワークについてなぜ大切なのか考える機会を授業で与えている。また大学図書館の有効な利用法、英英辞書の効果的な使い方、ICUで実施される多種のテストの目的及び対処法、速読法などについても学ばせてゆく。Academic Learning Strategiesはリベラル・アーツ教育を受ける前の導入科目という位置づけで存在しており、自発的かつ効果的に大学で学ぶコツを幅広く指導しているのが特徴である。

　次に②Academic Listening and Note-takingについてだが、この科目の到達目標は英語で開講されるアカデミックな講義を理解し、効果的にノートがとれるようにさせることである。授業ではノート・テーキングの技術とルール、英語で行われる講義の基本構成について教えている。これらを学習することで学生が長時間に及ぶ講義でどの部分に意識を集中して聞けば内容をより深く理解できるのか、わかるようになるからである。

　春学期に学ぶ残りのCommunicative Strategies科目は、③Academic Speaking 1と2である。入学直後から2コマを使いスピーキングを教えるのは、学生にできる限り英語のコミュニケーション・スキルとスピーキングの流暢さを上達させるという目標のためである。具体的な授業内容としては、英語で大学教員とアポイントメントを取る方法、他人からアドバイスを求める方法、アカデミックなディスカッションに自然に参加する方法などがある。ELPを含め英語で開講されているさまざまな学内授業で必要となる表現力と会話力を決まり文句などを含めながら教えてゆくのが、この科目の狙いである。この授業を通して学生はディスカッションで話題を変えるときの方法や、グループで交わされた意見のまとめ方、意見分析などを短期間で学んでゆくのである。ものおじせずに英語で授業参加できるようにするためには、このような授業は不可欠であると言えよう。

春学期に開講されている上記3科目は、いずれも大学生になったばかりの学生が急激に変化した環境に順応できるよう配慮がなされている。①のストラテジーに関する授業では、実生活に無駄がないかどうか学生に再認識させる機会を与えている。また②のノート・テーキングの授業では慣れない英語授業で必死に一語一句理解しようとする学生が多数いることを念頭に置いた上で、余計な労力を省くために何をするべきかを教えている。さらに③のスピーキングの授業では口頭表現に慣れていない学生にアカデミック、かつ自然な表現を身につけさせることで授業内の意見交換や教員とのスムーズなやり取りを促すのである。アカデミックな技術のみならず、生活面を含めた大学生活全般の見直しと改善を手助けしているのが春学期のCommunicative Strategies科目だ、ということがおわかりいただけるだろうか。

4. 秋・冬学期のコース到達目標

次に、秋・冬学期に学生が受講するCommunicative Strategiesの到達目標についても触れたい。先にも述べたが、ELPの上級英語レベルであるProgram Cに所属している学生と、Program A及びBで夏期休暇期間に海外の提携大学で短期語学研修を受けてきた学生を除いた全ての1年生が、秋・冬学期に開講される5科目のCommunicative Strategies科目から2科目を選択受講することが義務づけられている。これらの科目は春学期と同様に毎週1コマずつ授業があるが、表1に記載されている④から⑧の科目は秋・冬の2学期間を通して約20週間受講する点は春学期とは異なる。

それではまず④Listening Skills and Strategiesから説明するが、ELPやリベラルアーツ専門科目を受けるために必要なリスニング力とノート・テーキングに関するストラテジーを春学期よりさらに伸長させるのが、この科目の狙いである。具体的にはアカデミックな内容の講義や報告、ニュースなどの異なった種類のスピーチを聴きながらノート・テーキングの練習を行うのが主な目標となる。さらにリスニングを効果的に行うために英語の音を

聞き分ける練習も行っている。春学期に開講される Academic Listening and Note-taking が更に高度な内容になっていると考えるとわかりやすいだろう。

次に⑤ Advanced Academic Speaking の説明をしたい。ここでは秋学期と冬学期で異なる目標を設定して学生を指導している。まず秋学期は基本的なプレゼンテーション用語やスキルを学習させた上で、アカデミックな内容の発表をグループで行うことが目標である。それを達成するために発表アウトラインの作成、発表時に使用するノート・カードの準備、ビジュアル・エイドの作成と評価法、グループワークの進め方などを丁寧に教えている。

冬学期は更に高度な内容にまで踏み込み、海外の大学で一般的に行われているプレゼンテーション形式、すなわちセミナー形式の発表を習得してもらう。ここではセミナーとプレゼンテーションの違いを理解させたのちに、セミナーに適した語彙や表現を習得させてゆく。またセミナーを聞く側も受け身でいるのではなく積極的参加が必要であることを認識させ、セミナーを進める側、聞く側両者の評価法についても学ぶ。この科目は名前こそ春学期の③ Academic Speaking と似ているが、「会話」ではなく「発表」に重点が置かれていることが大きな違いであろう。

次にマルチメディアを利用した⑥ Communication through Multimedia について説明しよう。この科目は名前の通り、ビデオ・インターネット・印刷物・ニュースなどのさまざまなマルチメディアを使用しながら少人数のグループディスカッション、学生の前での発表やディスカッションを行うのが主な内容である。他の Communicative Strategies 科目とは違い、ある一定のスキルに焦点を当てて技術を伸ばしてゆくのではなく、さまざまな技能(リーディング・スピーキングなど)を統合させているのがこの科目の特徴である。各学期とも定められたテーマに基づき、学生の関心を尊重しながらディスカッションやポスターセッションなどの発表をさせている。授業では映画やニュースなどのクリップを鑑賞した後ワークシートを解かせ、内容について掘り下げたディスカッションをさせてゆく。つまり、ここでの到達目標は相手とアカデミックな情報や意見を交換する上で必要なスキル全般を伸ばすことにあると考えれば、わかりやすいのではないだろうか。

7番目に紹介するのは発音に関する科目である。他大学においても発音を教えているところは少なくないと思う。しかしELPで開講している ⑦ Pronunciation という科目ではアメリカ・イギリス英語などの特定の発音に近づけるための発音訓練の授業がなされるのではなく、話し相手の意識が話の内容から音の識別にそれることのないように発音訓練を行っているのが特徴的である。この科目の担当教員の出身国もさまざまであり、学生に英語の「なまり」をネガティブに受け取る必要はないと間接的に教えている。授業では発音記号・図解説・学生同士のモニタリングなどを通して、音に対する意識を高めるような指導がされている。

最後に ⑧ Vocabulary Acquisition について説明したい。なぜこの科目がリーディングではなく Communicative Strategies に入っているか理解しがたいかもしれない。しかし、コミュニケーション能力を伸長する上で豊富かつ的確な語彙運用は絶対不可欠なのである。学生の語彙力を伸ばすことがこの科目の主な目標であり、特にアカデミックな環境で使用される頻度の高い語彙を幅広く身につけさせることで、英語運用能力を総括的に高めることがこの科目では期待されている。授業では指定教科書である Porter の *Check Your Vocabulary for Academic English* (2003) のほか、辞書やインターネットも活用している。また学生は定期的に語彙ジャーナルをつけることが要求され、図や絵などを含めた手段を効果的に用いることで記憶力を高める訓練を行っている。

以上がELPで開講している Communicative Strategies コース8科目の授業目標である。これらの科目の共通点は、まず大学という環境において知的活動を行うために必要な実践力とコミュニケーション力を培うスキルを提供していることである。また図1で示している通りELPの中核となる Academic Reading and Writing、Reading and Content Analysis、Narrative Presentation の3教科の礎として学びを支えることである。学生が日々の英語漬けの生活で四苦八苦しているときに Communicative Strategies コースで実践的スキルを習得することは非常に学習上効果的だと考えられる。またこの技術はのちに専門科目を英語で履修する際にも非常に役立つことは言うまでもない。

Chapter 8>>

```
                                   ┌─────────────┐
                                   │   専門科目   │
                                    \           /
ELP で中核となるコース                 \    ↑    /
                                       └──┬──┘
┌──────────────────────────────────────────┼──────────────────────────────────────┐
│  ┌──────────────┐    ┌──────────────────┐    ┌──────────────┐                    │
│  │Academic Reading│    │Reading and Content│    │  Narrative   │                    │
│  │ and Writing  │    │    Analysis      │    │ Presentation │                    │
│  └──────────────┘    └──────────────────┘    └──────────────┘                    │
└──────────────────────────────────────────────────────────────────────────────────┘
```

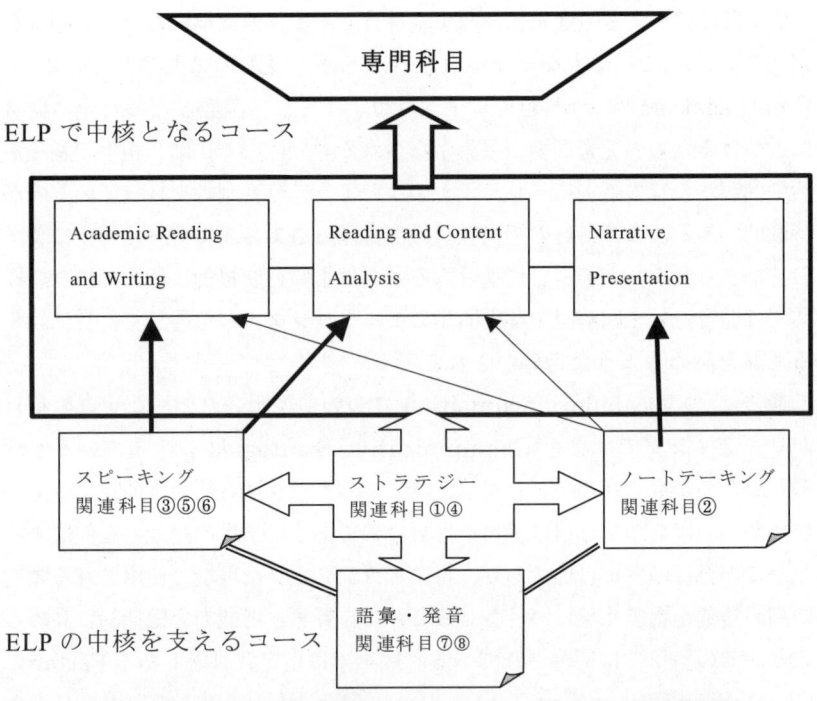

図1　Communicative Strategies コースと他のコースとの関連性

（ELP で中核となるコース／ELP の中核を支えるコース：スピーキング関連科目③⑤⑥、ストラテジー関連科目①④、ノートテーキング関連科目②、語彙・発音関連科目⑦⑧）

5. Academic Learning Strategies

　授業目標を列記するのみではプログラムがどのように構成されているのか理解しにくいと思うので、実際に Communicative Strategies コースではどのような授業が展開されているのか、Academic Learning Strategies, Academic Listening and Note-taking, Communication through Multimedia の3科目を例にとって詳しい説明をしたい。

>5.1 歴史

　春学期に学ぶ ① Academic Learning Strategies は、第2章でも述べた通り外国語教育においてその重要性が指摘されている。一般的にストラテジー指導はリーディング・ストラテジーやスピーキング・ストラテジーのよ

うに英語技能に焦点を合わせたものが多く見られるが、ELP で行われている学習ストラテジーも心理学および教育学分野ではその重要性が指摘されている (Shunk, 2001)。

Academic Learning Strategies は 1998 年度より 2 年の歳月をかけて念入りに導入が検討された。当時 ELP では多くの学生が大学という新しい環境で効果的に学ぶ上での基本的スキルを欠いており、また高校との環境的・学術的ギャップに悩んでいた。その上 ELP は統合的アプローチをとっているにもかかわらず、一部の学生の目からは ELP 各科目間の関連性が見えずにいた。そこで ELP のコース全般で使用できる学習ストラテジーを紹介することで ELP の統合性を見いだす案が模索され、大学での学びをスムーズに行うための必修科目という位置づけで 2000 年度より Academic Learning Strategies が開講される運びとなった (Kirimura 他、2004)。

>5.2 問題点と改革

Academic Learning Strategies は前例のない新規の科目であったため開講当初は順風満帆というわけにはいかなかった。授業内容は数年間に渡り試行錯誤され、学生に学期末授業評価を配布しては有用性を探った。しかし、学生の科目に対する評価は常に二分化していたため、2003 年度に大規模な授業アンケート調査を行うことによって問題点を解明することとなった (Iijima & Kirimura、2003)。

この調査結果を具体的にここで述べるのは控えたいが、Academic Learning Strategies で当時扱っていた 10 項目(ストレス対処法、学習態度、英英辞書の使用法、スキャニング、スキミング、協調的学習、批判的思考能力の育成、学習スタイル、時間管理、エッセイテスト)において既に知識を持っている受講生が多数存在することが判明した (Iijima & Kirimura、2003)。また、学生が必要とするストラテジーには大きな個人差があることもわかった。

そこで 2004 年度より学生の多様化するニーズに対応するため、開講当初から続いてきた教員による講義とグループワークという授業形態を大幅に変

旧授業形態

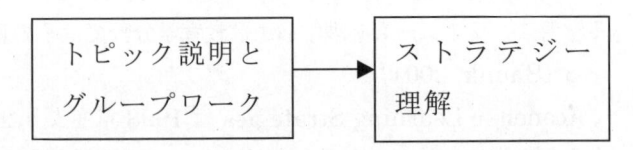

```
┌─────────────────┐      ┌─────────────┐
│ トピック説明と  │ ───▶ │ ストラテジー│
│ グループワーク  │      │ 理解        │
└─────────────────┘      └─────────────┘
```

新授業形態

個人発表によるストラテジー理解と弱点克服

図書館オリエンテーション

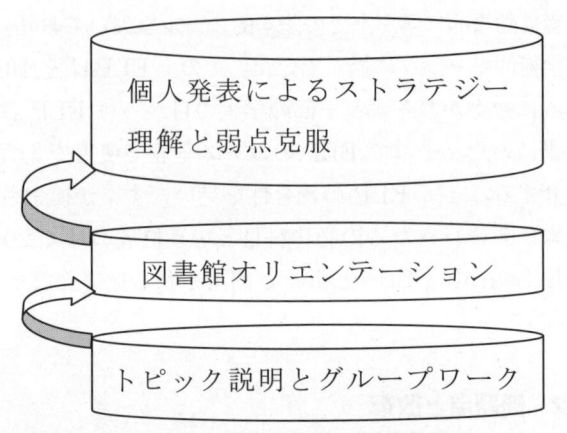

トピック説明とグループワーク

図2 Academic Learning Strategies の授業形態

更することとなった(図2参照)。こうして現在のインタラクティブで自発的学習を促す授業形態へと変貌を遂げたのである。

>5.3 改革を通しての変化

それでは改革後の Academic Learning Strategies はどのように違うのだろうか。基本的構造は図2の通り、講義のみの1部構成から講義・オリエンテーション・発表から成る3部構成へと変更された。春学期開始から1ヵ月間は旧授業形態を保ったまま、ELP 及び ICU で必要となるさまざまなスキルやストラテジーをトップダウン方式で教えた。ここでのトピックは必ずしも学生に支持される内容ばかりではないのだが、あくまでも大学及び ELP で必要な知識や技術を教師の観点から選択したものである(表2参照)。ここでいう講義とは、単に定義を並べて暗記させてゆく授業ではなく、図3のようなワークシートを利用することで間接的かつ実践的にトピック

授業方式	トピック一覧
トップダウン	批判的思考能力、グループワーク、辞書の利用法、速読法、学習スタイル、学習態度、試験の種類と意図、授業評価
ボトムアップ	(学生の選択例)時間管理、記憶術、モチベーション、単語記憶術、リサーチ、健康維持、睡眠、夏休みの有意義な利用法

表2 ストラテジー授業トピック一覧

Lesson 1
Here are the 3 Goals of ELP:
① Foster critical thinking, ② Acquire basic academic skills,
③ Acquire intercultural awareness
Task One
Please form small groups and share your thoughts on the following two questions:
Q1. What skills do you need to acquire in order to do successfully in college?
Q2. How do the skills you have discussed in Q1 relate to the study in this course?

図3 Academic Learning Strategies 授業例

を理解させることを指す。

では Academic Learning Strategies の実際の授業を例にとってみたい。科目初日の授業目標は「批判的思考能力」と「グループワークの重要性」を理解させることである。本来ならば「批判的思考能力」の定義を学生に示してから講義がなされるところであるが、あえて授業では定義そのものを板書したりせず、図3のようなワークシートを配布し小グループで問題を解いてもらう。

ディスカッションをとおして、さまざまな学生の意見をグループ内で選別しまとめてゆくプロセスこそが批判的思考能力なのだと後に理解させる仕組みになっているのである。

さらに、このワークシートの最後には図4のような質問が追加されている。学生はここで初めてなぜ授業がグループワーク形式で進められていたの

> **Task Four**
> How did the discussion with your classmates go? Now answer the following questions with your partners.
> Q1. What are the benefits of group work?
> Q2. What are the possible problems of group work?
> Q3. What are the things you should keep in mind to avoid these problems?

図4　グループワーク授業例

か理解するのである。つまりグループワークを行ったのは幅広い意見や見解に触れるなどの利点があることを認識させることに他ならない。これが授業内容を実践的に習得させる講義形式の一例である。

このように授業計画が緻密に練られているのは、学生が必要とするストラテジーを前年の約半分の時間で指導することになったからである。これを可能にするために関連性のある内容をひとまとめにし、余分な授業内容は参考資料として配布するなどの対策がとられるようになった。

また2004年度より図書館オリエンテーションを従来の中核コースからこの科目に移動したが、これは Academic Learning Strategies が ELP やリベラル・アーツの導入科目であるという位置づけを明確にするためであった。言うまでもないが大学図書館はさまざまな授業で利用されており、この科目でオリエンテーションを行う方が適切ではないかとの意見が出されたのである。こうしてストラテジー説明をしたのちに図書館利用法を学び、各自リサーチしてきたストラテジー解決法を発表してもらうという新授業形態が確立されたのである。

>5.4　口頭発表

先にも述べたがストラテジー習得にはかなりの個人差があることが調査で判明した。これを埋め合わせるのに個人的なリサーチ発表が一番効果的だと考えられた。そこで、Academic Learning Strategies の後半に個人発表が追加されたのである。

しかし、大学に入学したばかりの学生にしかも英語での発表というタスクはハードルが高すぎるのではと懸念の声も上がったため、最終的にはクラス全員に向けて行うフォーマルな発表ではなく、ポスターセッションという若干カジュアルな発表形式を選択することとなった。

ポスターセッション準備の第一段階として、授業開始初日に「学習ストラテジーに関する問題」という用紙（図5参照）を配布し、学期開始から3週間で学生が経験した大学生活の悩みや苦労を各自書き出してきてもらうことにした。これがのちに個人発表の題材になるわけだが、大学入学直後から自分の置かれた状況を見据えさせることが、いかに今後の大学生活を有意義に過ごすために必要か、また必要なストラテジーを効率よく習得するのに役立つか既に示しているのである。

発表準備第一段階として、学生は「学習ストラテジーに関する問題」に自分の悩みを記載して教員に提出する。その後教員からのフィードバックをも

Over the next few weeks we would like you to examine your own learning situation and try to identify any problems that prevent you from learning effectively. These problems could be related to any aspect of your learning, could be in any class and could be specific or general. Later in the term we will ask you to research solutions to the problems you write about. Below is a list of possible areas where problems occur. This list is not comprehensive; it is just a guide to give you some ideas.

- Scheduling your time effectively
- Motivating yourself
- Improving your memory
- Evaluating web site content for research purpose

Task:
Choose two problems that you feel affect the way you learn. Write a short paragraph about each problem.

Describe:
1) The learning situation, 2) The exact problem you are having, and 3) Any possible solutions you can think of.

図5　学習ストラテジーに関する問題

らった上で各々の問題点を克服するために対策法などの資料を検索する。具体的には図書館やインターネットを参照することになるが、学期中盤に組み込まれている図書館オリエンテーションはここで役立つのである。資料収集が終わるといよいよ学生はポスターセッション形式の個人発表を行う準備に入る。前述の通りポスターセッションは教室の前に出てクラス全体に行うフォーマルな発表とは異なり、少人数を対象に内容説明や質疑応答ができるため、ELP で初めて行う英語発表として望ましいと考えられた。また聴者も自由に動き回ることができるため、時間をかけてメモを取ることも、また知っているトピックであれば簡単に内容確認するだけで済ますことも可能であるため短時間に有効に情報収集ができる。その上、学生間で苦労していると感じている項目の多くは似通っており、数多くの方法をポスターで学ぶことが可能となった。つまり大量の宿題をこなせず四苦八苦している学生、急に一人暮らしを始めて日常生活のペースをつかめないでいる学生などがお互いにポスターセッションを通して問題解決策を探ることができるようになったのである。

　具体的なポスターセッションの準備としては自分のストラテジーの弱点や問題点を掘り下げ、どのようにこれを解決すればよいのかリサーチと実体験をもとに簡単に紙面で説明する。また聴者が抱く疑問点などを事前に想定して口頭説明できるようにしておくことも大切である。ポスターにはストラテジー名、キーワード、グラフ、問題の解決法の要約、参考文献などを書くように指導した。

　例1の写真は学生が実際に作成したポスターの例である。学生によって特色が出る発表は準備こそ大変ではあるが通常の授業と異なり、学生同士のコミュニケーションが増え、大学でのさまざまな苦労を分かち合える絶好の機会となるため、学生は大いに楽しんでいる。

　また聴者も、ただ受け身に貼ってあるポスターを読みながら自分が抱えている問題を解決する糸口を探すだけでなく、発表者がどの程度トピックをリサーチし理解しているかを質問を投げかけることで判断し、採点表に判定を記入した。これは後に成績にも反映することが多いため、学生は更に真剣に授業に取り組んでいたようである。

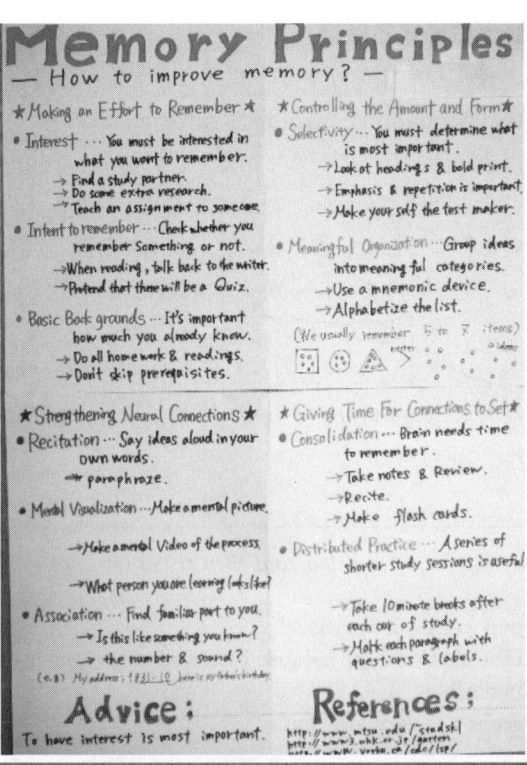

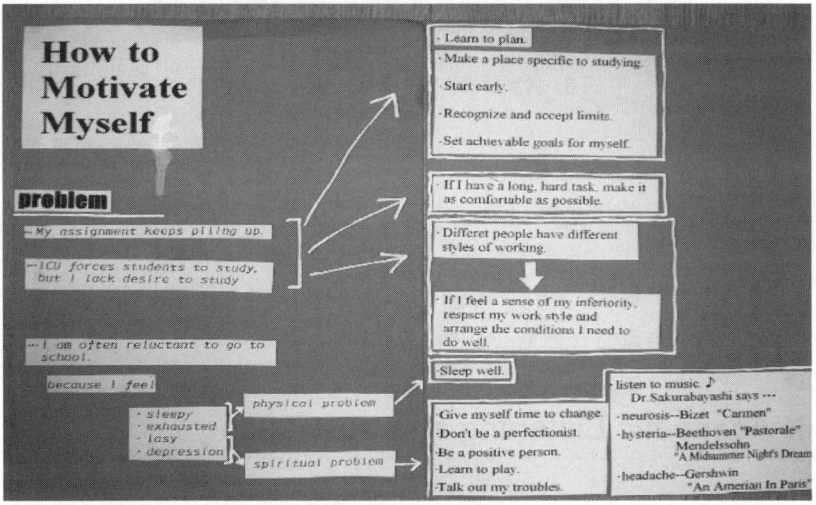

≪Communicative Strategies

例1　ポスターの実例

＞5.5 授業評価に関する授業

発表までの一連のプロセスが終了したあと、最後に授業評価についてのレッスンを行い、Academic Learning Strategies は締めくくられる。ELP では学期末に授業評価を行うのが常であるが、以前から学生の記入するコメントにはさまざまな問題点があった。そこで 2004 年度より新たに授業評価についての授業を行うことで、学生コメントに関する問題点を改善することが試みられたのである。今までに多かった授業評価における問題点は、感情的になりすぎることや「先生のファッションが素敵」などという授業内容から的を外した回答があるなどであった。したがって学生に配布するワークシートにこれらの具体例を載せ、それをどう解決すればよいのか理解させることにした(図 6 参照)。

Please discuss the response below and then try to improve to make it more useful.
1) The group work was very good.
2) I found the class useless because I learned more from my friends than from my teacher.
3) The teacher has very nice smile.

図6　授業評価に関するワークシートの例

さらに具体的な授業評価の記入法以外に、評価シートの種類や目的なども総括的に授業で触れるようにした。そうすることで、この科目がより一層 ELP 全般の基盤となる導入教科であるという位置づけが印象づけられるようになったのである。最後に一連の改革により、学生の授業に対する満足度もかなり改善されたことをここに記したい。

6. Academic Listening and Note-taking

さて、Academic Learning Strategies の授業説明はここで終了すると

して、次に春学期に開講されている Communicative Strategies コースの中でもうひとつ特徴のあるコース、Academic listening and Note-taking について触れたい。

>6.1 歴史と教科連携

この教科は ELP 開講当初から存在する歴史の長い科目である。当時はLL と呼ばれており、最新鋭の機材を導入し、ノート・テーキングやリスニングに力を入れた授業を行っていた。しかし学生が仕切りのあるブースに座り 70 分間テープと格闘する授業は実力こそ伸びるものの、緻密で地味な作業であるため、近年の授業評価はあまり芳しくなかった。また実際役立つ技術を学んでいるにもかかわらず、それを他の科目で応用しきれていない現状があった。そこで 2001 年にこの科目のコーディネートを担当していた渡辺氏と宮嶋氏は Narrative Presentation が英語で講義を行っていることに着目し、この科目と連携させることを試みたのである。

第 4 章でも記載したとおり、Academic Listening and Note-taking ではもともと効果的なノート・テーキングを学習させることが到達目標であったため、これは非常に理にかなった改革だったと言えよう。また単に科目同士を連携させるだけではなく、Narrative Presentation の授業に出席し、講義の理解度を自己申告させる宿題を毎週出させることにした。この改革により Narrative Presentation の出席率がかなり良くなったのは予期せぬ大きな利点となった。だが、自己申告制の宿題では実際にどれくらいリスニングやノート・テーキングの実力が伸びているか判断することはむずかしいため、特に英語力のある Program B の学生の間では不評であった。

>6.2 モニタリングの導入

そこで現在のコーディネーターである林氏によると、さまざまな改革案を検討した上で、試験的に 2004 年度の Listening Skills and Strategies（秋・冬開講科目）で新たな方法が試された。これが学生に大変好評であったため、本年度からは春学期開講、全員履修の Academic Listening and Note-taking でも導入が決定したのである。

Chapter 8≫

具体的には Narrative Presentation とこの科目は以前と変わらず連携を続けていたのだが、大きな違いは Narrative Presentation の授業で取ったノートを Academic Listening and Note-taking に各自持参することになったことである。授業中に学生同士で比較させることによりさまざまな

Self Reflection
Take a look at the notes you have taken for NP this week and answer the questions below.
1. What percent of NP Lecture did you understand this week? ___80___ %
2. How do you rate your NP notes you have taken this week? Unsatisfactory 1 2 3 (4) 5 Satisfactory
3. Did you write down key words? 1 2 (3) 4 5
4. Did you omit the words that are not important? 1 2 (3) 4 5
4. Did you use symbols and abbreviations? 1 (2) 3 4 5
5. Did you use the space in your notebook effectively to organize information? 1 (2) 3 4 5
6. Do your notes show the organization of the lecture clearly? 1 2 3 (4) 5
7. Do you understand the notes you have taken? 1 2 3 (4) 5
8. What do you think are the problems of your notes this week?
 I need more space.
 I use several symbols but few abbreviations.
9. How can you improve your notes next time?
 I have to use more abbreviations to take notes more quickly.
 I also need to underline key words.
10. What did you learn from the NP?
Content:
• Liberal arts give us basic knowledge of wide range.
• Critical thinking is connected to search for the truth.

New vocabulary/Expressions:
• status quo - the situation as it is now or as it was before
• recapitulation - summary

Peer Reflection
Exchange this sheet and your NP notes with a section mate and ask him/her to give comments on your NP notes.
1. What are the good points of my notes?
 Easy to understand, especially indents and margin makes me very easy to look at. Arrows, dots and L ̄ (these symbols) are also good
2. What suggestions can you give me to improve my notes?
 Using more abbreviations can make words shorter, because it seems you are writing every words completely (though it is easy to read because unnecessary words are omitted)

例2　学生のコメントシートの例

実例を学ぶことができるだけでなく、自分のノート・テーキングの問題点が客観的に見えるようになった。この方法は以前から McCagg et al.（1991）が推奨していた点でもあり、Academic Listening and Note-taking 改革後から実践されるようになったのである。また、学生の間に常にノート・テーキング向上の意識が芽生えたことは特筆すべき利点だったと言えよう。この改革により、今まで受け身で力の入らなかった Narrative Presentation の授業で懸命にノートを取る姿が増えるなど、学生の意識もかなり変わった。

またモニタリング（peer review）を行うコメントシート（例2参照）を毎週提出してもらい、教員が内容を確認した後に提出点として1点与えるシステムにした。この提出物には略字やキーワードの記載、ノート余白部分の使用法や講義の理解度など多岐にわたる項目が盛り込まれ、自分のノート・テーキングについて考えさせる質問が含まれている。授業ではお互いのノートとコメントシートを交換しフィードバックを記入しあう方法を取らせた。この改革で学生の意識が変わったことは非常に望ましかったが、学期末評価ではコメントシートは詳細で毎週行うのは面倒だと書く学生も多かった。今後は更なる内容の微調整が必要であろう。

>6.3 教材改革

次に Academic Listening and Note-taking で使用しているリスニング教材について触れたい。以前は指定教科書 *Learn to Listen; Listen to Learn: Academic Listening and Note-Taking*（Lebauer、2000）の練習問題を中心に、記号や省略の仕方、決まり文句や講義構成の基本について学習させていた。また実践的でむずかしい講義テープは学期中盤から使用し、時間の制約上、練習・応用問題に使用する講義テープまたは講義ビデオの題名やイントロダクションを省いて内容の一部分のみを抜粋して授業で学生に聞かせていた。

しかし、本来スピーチや講義は最初から順序立てて聞くものであり、講義途中から聞き始めるのでは内容的に非常に理解しづらいのである。ましてや高度な内容の講義を外国語で聞くとなるとなおさらである。このことを考慮

し、2005年度から教材の使い方を変え、学期前半から全ての講義を聞かせるようにした。また時間的制約を克服するために、授業中に講義を録音させ、宿題で教科書を参照しながら内容を理解してもらうようにした。さらにその際はノート・テーキングの練習もさせるという形式に変更したのである。この方法は学生の好反応を得ている。

>6.4 実際の授業例

Academic Listening and Note-taking ではどのような授業が行われているのかレッスン3を例にとって説明したい。

この授業ではまずコメントシート(例2参照)とノートを学生同士比較させ、気付いた事柄を記入してもらうことから始まる。次に、小テストとして短い講義を2種類聞かせノート・テーキングをしてもらう。その上で本題の授業に移るのだが、この日のレッスン内容は数字の識別とリスニングの自己分析についてであった(表3参照)。これは指定教科書に記された **Unit 1** と 4 であると考えていただきたい。学生はあらかじめ、教科書の内容を予

Lesson	Quiz	Lesson Title/Content
1		Unit 3 Note-taking Basic
2		Unit 2 Looking at Lecture Transcripts Unit 4 Noting numbers and Statistics
3	Quiz 1	Unit 4 Noting numbers and Statistics Unit 1 Pre-course work Evaluation
4	Quiz 2	Unit 2 Looking at Lecture Transcripts Lecture 10 Pheromone
5		Lecture 9 Amnesty International
6		Unit 2 Looking at Lecture Transcripts Lecture 12 Drink Your Green Tea
7		**Condon's Video Lecture:** "Systems"
8	Quiz 3	**O'Connell's Tape lecture** "Struggling to Swear in Japan"
9		**Hilke's Video Lecture:** "Investment in Peasant Africa"

表3 Academic Listening and Note-taking の授業計画

習してから授業に望んでいるため、14 と 40 などの紛らわしい数字の区別の仕方や紀元前などの英語表記の仕方は理解している。そこで授業では実践練習のみを行い、統計や数字が盛り込まれた短いテープなどを聞かせ、ノート・テーキングの練習をさせる。一連のリスニングが終わるとペアでノートを比較したり、教員がノート・テーキングの例をスクリーンに映し解説を行う。

この日の授業は指定教科書を使用するので練習問題などもそこから抜粋して学生に提示するだけでよいのだが、授業 7 日目などでは ELP の Narrative Presentation の授業で実際に行われた講義録画を見せながらノートを取る練習を行う。例 3 は学生がこの授業で取ったノートのサンプルである。これは教科書のテープとは違い内容も事前に予測できないし、講義時間も 1 コマ分に値するので非常に長い。このように授業内容も簡単なものからより難易度の高いものへ移ってゆくことで、専門科目や ELP で中核となる授業に役立つように工夫されているのだ。

Academic Listening and Note-taking 改革後に実施された授業評価では「リスニングスキルやノート・テーキングの力が非常についた」「授業内容がとても役立ったのでほかのテープも今後全て聞いてみたい」と非常に意欲的なコメントが多く記されていたため、この試みは好意的に受け止められたことがうかがえる。

また林氏は重要なポイントのみに注意を払えるようなリスニングを効果的に習得させるには、学生の集中力のある時に反復作業をさせることが大切であると説明する。つまり、70 分の授業で全てを学習させようとすると集中力が低下して効果が薄れてしまうが、内容を分散させ宿題でもリスニングをさせることで、学生がもっとも集中できる時間帯に技術習得や訓練を行うことが可能となるのである。また各々に必要なだけの反復練習も時間制限のない自宅学習を含めることで実行できる。Nicosia & Yoshitake (1993) は学生の興味とノート・テーキングスキル指導の均衡を保つには週 1 時間以上の時間を費やす必要性を指摘している。この改革はまさにこのような点を考慮した上でなされたものであると言えよう。

Academic Listening and Note-taking のように授業を聴きながらノー

Chapter 8

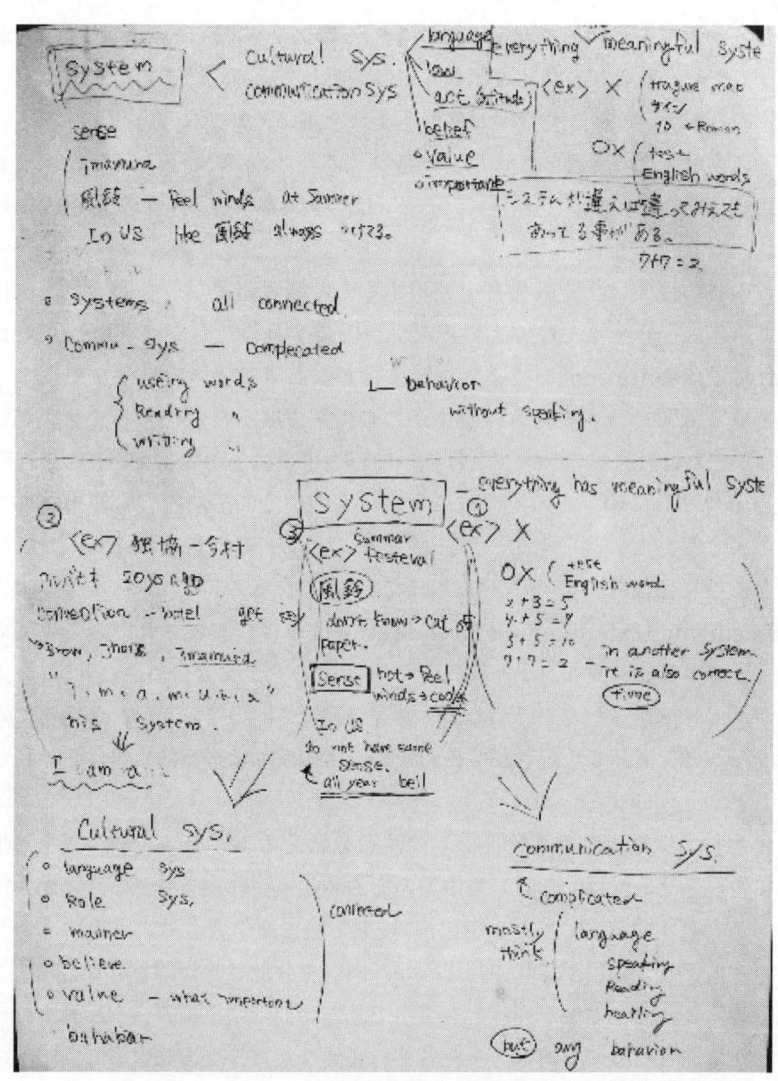

例3　Condon's video の学生ノート

トを取るというタスク・ラーニングは、今後ますます高等教育機関で大切になっていくと思われる。授業内容は先にも述べた通り地味ではあるが確実に効果が出る「縁の下の力持ち」的科目でもあり、学問をする場合に不可欠な技術がこの科目には詰まっている。

7. Communication through Multimedia

それでは最後に秋・冬学期に開講される科目をひとつ取り上げたい。具体例として Communication through Multimedia を挙げるのには、この科目が ICU らしい独創性を備えているからである。

>7.1 歴史

Communication through Multimedia も Academic Learning Strategies などと同様に Communicative Strategies の大幅改革が行われた2000年度よりスタートし、当初は Communication through Video という名称で呼ばれていた。この科目の教材改革に開講当初から5年間携わってきたベイン氏によると、当初の構想ではビデオを利用しながら4技能を伸ばすような科目を作ることが目的であった。授業でのマルチメディアの使用は言語学習を促すと Knowles (2002) も指摘しており、この科目は学生の英語運用能力に貢献すると期待された。しかしディスカッションや発表を行うにはビデオ以外の媒体にも頼る必要があり、情報入手手段をビデオだけに指定してしまうと支障をきたすことが判明した。

そこで2002年度より Communication through Multimedia へと名称を改め、多くの媒体を使用するようになったのである。ここでいうマルチメディアとは「情報伝達の複合的手段」であり、表4で示すようにコンピューターに限らずさまざまなものが含まれる。つまり情報収集を行う上で頼る媒体全てをマルチメディアという名称で表していると考えてよい。しかしその一方で、マルチメディアという呼称は多くの学生にインターネットやコンピューター中心の授業を連想させてしまい、混乱が生じてしまった部分もある。近年では学生に誤解が生じないよう、これらのことを授業登録時に

Chapter 8>>

分類分野	例
視覚に訴える情報	写真、絵画、グラフ、表、地図
視覚・聴覚に訴える情報	ビデオ、DVD、テレビ番組
口頭で提示する情報	歌、録音された会話/情報
印刷された情報	全ての書面の資料
コンピューターによって生成される情報	インターネット、データベース、CD-ROM
実物教材	実際の品、楽器や商品

表4　マルチメディアの分類と例（**Bayne**）

配布する資料に明記している。

>7.2　授業内容

　この科目の授業内容は ELP の中心的コースである Academic Reading and Writing や Reading and Content Analysis とトピック連携こそしているが、さまざまなメディアからの情報を統合させることに重点が置かれている点でこれらの科目と異なる。秋学期は杉原千畝にスポットライトを当て、英雄とはどのような人物を指すのかワークシート（図7参照）やグループ・ディスカッション（図8参照）、新聞記事の読解などを行いながら学生に考えさせている。

　さらにこれを基に自分にとっての英雄についてポスターセッションで発表してもらう。学生の中にはマザー・テレサやオードリー・ヘップバーンの

---

1. Define 'hero'.
2. What fields (what do they do) do our heroes usually come?
3. What specific qualities 'make' a hero?
4. What is the (Is there a) difference between 'hero' and 'historical figure'?
5. Are there degrees of heroes: how might we define 'local' hero; 'national' hero, and someone respected world-wide?

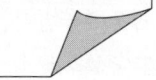

図7　「英雄」についてのワークシート

> Discuss the general details of the story as a group. Then discuss your reaction to the story of The Sugihara's.
> ● What surprised you or moved you?
> ● What perhaps did you not understand?
> ● How important was the role of Yukiko?

図8　ディスカッション用ワークシート

ような世界的な有名人を選ぶ学生もいるが、中には自分の父親を選ぶ学生などもおりバラエティーに富んだポスターセッションが行われる。

　また秋学期後半は人種差別について掘り下げて学習する。ここでは映画『ミシシッピ・バーニング』を一部鑑賞して差別はどのような要素が影響して起こるのか考えさせている。さらには図9のトピックの中からひとつ選択し、新聞や映画、歌などのメディアを利用してクラスの前で5分弱程度の個人発表をアイコンタクトを保ちながら行うことになっている。これら2種類の発表は、成績の実に70%を占めているため学生もマルチメディアを通してさまざまな資料を集めるのに専念する。

　また冬学期はクラインドル氏やフレハン氏の提案で生物倫理の題材として映画『ガタカ』が導入された。授業ではまずヒトゲノムプロジェクトや遺伝子操作について簡単に質問した後で、部分的に映画を鑑賞し知識を更に深めてもらう。その後、遺伝子組み換えに関する新聞記事やデザイナーベビーに関するインターネット記事なども使用しながら幅広く生物倫理に関する知識を習得してもらうのである。

> Topics for Race & Discrimination:
> ♦ Stereotyping
> ♦ Verbal Abuse
> ♦ Interracial marriage

図9　人種差別に関する発表のトピックについて

Chapter 8>>

> Fallacy X: Learners of English aim to be as 'native-like' as possible in using English.
> Fallacy Y: World Englishes are a sign of the decline of English and native speakers and formal language study are required to stop the decline.

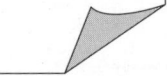

図 10　世界の英語に関するワークシート例

　冬学期後半は「世界の英語」について学ぶ機会を与える。授業ではハワイのクレオールやシンガポール英語について記事を読ませたり、和製英語について扱ったりする。続いて「主流」英語と「非主流」英語の地位の差やそこから生まれる対立について、図10のように誤った考えを並べたワークシートを配布し、英語学習の現状について学生に考えさせるようにしている。

　現在こそ Academic Learning Strategies を始めとする ELP 科目でポスタープレゼンテーションが頻繁に行われるようになったが、これを最初に授業に導入したのは他ならぬ Communication through Multimedia の前身である Communication through Video の授業であった。バラエティーに富んだ資料をマルチメディアという媒体を使用しながら検索し、授業で提供しているこの科目は、独創性にあふれオリジナリティを追求することのできる創造力ある個人を育成する助けになるとも考えられる。

8. Communicative Strategies の必要性

　なぜ ICU の Communicative Strategies コースに8種類もの科目が必要なのだろうか。まず始めに述べておきたいことは、ICU が他大学とは異なり、週10時間以上の英語授業を1年次に行っており、大量の宿題が出されることにある(国際基督教大学学報)。また英語の単位数が通常大学の約3倍あることや専門科目の約20%が英語で開講されていることも特筆すべきことである（桐村、2004）。ICU を無事卒業するためには ELP の英語科目のみならず専門科目も一部ではあるが英語で履修する必要がある。英語で

開講されている授業内容を学生が効果的に習得するためにはさまざまなアカデミック技術のサポートが必要となるのである。これらの技術を細かく指導しているのが、まさに一連の Communicative Strategies コースなのである。

少人数性を重視している ELP では授業でグループ・ディスカッションや発表を行うことが多々ある。自分の考えを理論的に述べることや他人の意見を取り入れながら批判的に思考するためには「英語読解」と「英会話」の授業のみでは不十分なのである。正確に相手の意見を理解し、見解の相違を記憶しながら話を進めて行くには語彙や発音、ノート・テーキングなどの総括的なスキルが必要となる。また少ない時間で大量のタスクをこなすには効果的な学習ストラテジーを身につけることも必要である。さらに膨大な情報社会で適切な資料を短期間に選出する能力も重要なリベラル・アーツ教育を受ける上で重要な資質である。位置づけこそ ELP の中核を支えるコースではあるが、Communicative Strategies が提供している授業内容は中核の学びを効果的に行うためには不可欠な礎となっている。

9. おわりに

ELP では様々な内容を統合的に指導する事で限られた時間内ではあっても学生の英語力を効果的に伸長する。本章では ELP の中核コースを支えている Communicative Strategies 科目の構成及び授業内容について紹介した。これらの科目を立ち上げるためのノウハウは提示することができなかったが、今後このようなこのような英語コースの開設を試みている大学の参考になれば幸いである。

参考文献

Bayne, K., (2005). *Report — The use of multimedia in the classroom.* Unpublished manuscript.
Iijima, Y. & Kirimura, M. (2003). Student perspectives of academic learning strategies. *Language Research Bulletin, 18,* 97–110.
Kirimura, M., Iijima, Y., Fukao, A., & O'Connell, G. (2004). Curricular revision of

academic learning strategies: Process and outcome. *Language Research Bulletin, 19,* 95–112.

Knowles, L. (2002). Combining multimedia and classroom activities. *The Language Teacher, 26,* 29–31.

Lebauer, R.S. (2000). *Learn to listen; Listen to learn: Academic listening and note-taking* (2nd ed.). New York: Addison Wesley Longman, Inc.

McCagg, P., Chenoweth, A., Era, K., Hays, P., & Stein, L. (1991). A survey on the use of English in ICU's academic programs: Implications for the ELP and the CLA. *Language Research Bulletin, 6,* 48–74.

Nicosia, A., & Yoshitake, S. (1993). Academic listening: Examination of a rhetorical approach. *Language Research Bulletin, 8,* 55–74.

Porter, D. (2003). *Check your vocabulary for academic English: A workbook for students* (2nd ed.). London: Bloomsbury Publishing.

Shunk, D.H. (2001). Self-regulation through goals setting. *ERIC/CASS Digest* [On-line]. ERIC identifier: ED462671. Source: ERIC Clearinghouse on Counseling and Student Services. Greensboro NC.

Taguchi, N. (2005). The communicative approach in Japanese secondary schools: Teachers' perceptions and practice. *The Language Teacher, 29,* 3–12.

ティモシー・グールド 「CALL 教室でのオーラル・コミュニケーション教育(概要)」http://www.cmc.osaka-u.ac.jp/j/publication/for-2003/34–35.html 2005.8.1

桐村美香(2004)「CALP を伸ばす英語カリキュラム ― 上智大学と国際基督教大学のバイリンガル教育に関する考察」『平成 15 年度科学研究費補助金研究成果報告書』2004. 5、103–111

国際基督教大学(2005)『国際基督教大学学報』第 15 号、国際基督教大学

文部科学省「高等学校新学習指導要領」http://www.mext.go.jp/b_menu/shuppan/sonota/990301/03122603/009.htm

Chapter 9

Theme Writing
論文作成法　　　　　　　　　林千代

1. はじめに

　前章までは1年次の授業について述べてきたが、この章では2年次のELPの授業の核となるTheme Writingという授業を紹介する。学生は、この授業で初めて本格的なリサーチに基づいた論文を書くことになり、この論文が、1年次からELPで養ってきた「基礎的学問能力」の集大成となる。

2. 授業概要

　ICUにおいてのリベラル・アーツ教育で、何よりも大きなウェイトを占めるのは「(論文を)書く」ということである。これは、学生自身が興味のあるテーマを見つけ出し、それに関するリサーチを行い、その結果を研究論文という形で発信していく知的活動である。ICUでは全体の約20%の講義が英語で行われ、学生の37%が英語で卒業論文を書いている（Riney、2001）。このことからもわかるように、英語で論文を書くという技能を身につけるということは、英語・英文学を専攻する学生に限らず、多くのICU生にとってICUで学ぶ上で必要不可欠な技能なのである。

　この論文作成能力を、英語を通じて指導・育成するのがTheme Writingという2年次の必修科目である。この授業では、1年次の必修科目（Academic Reading and WritingとReading and Content Analysis）で学ん

だアカデミック・ライティングの基礎知識と技能を復習し、それをさらに発展させながら、学生が自ら選んだテーマについて、文献調査に基づく研究論文を書きあげていく。決してたやすいとは言えないこの過程は、多くの学生にとって自分の「好奇心」をかきたてさせるアカデミックなテーマを研究する本格的な学問デビューの場となる。

　この授業で学生に課される論文は、多くの日本の大学で要求される知識・理解を表すためのいわゆる「レポート」ではない。自分の選んだテーマについて、1) 疑問を持ち、2) 問題を想起し、3) 資料収集を行い、4) その資料を客観的かつ批判的に分析しながら独自の問題解決法を見つけ、5) 最終的には論文の形に表すという一連の学問遂行上のプロセスが要求される。ここで最も重視されるのは、ICU のリベラル・アーツ教育の目指す「論理構築のための思考力と自己表現へ向けての思考能力」（吉岡、2002）である。つまり、自分の主張を証明するために、読み手を説得できる論理を構築し、自分の主張が適切であることを読み手に納得させる技能である。そのためには、あらかじめ読者を想定し、彼らの持つスキーマを予測し、読み手が何を予想しているのかを考慮に入れる必要性もある。授業はすべて英語で行われるが、この授業で得たリサーチの進め方や論文の書き方が、英語に限らず日本語で論文を書く際にも広く応用できることが期待されている。

　ここでは、この授業の概要とタスクを用いた実際の指導例をいくつか紹介し、学生がどのようなプロセスで論文を書き上げていくのかを具体的に提示・解説する。指導の中核は、トピック選びに始まり、いくつかの推敲を経て論文を書いていくプロセスへのサポートである。また、日常的な文章とはジャンルを別とする学術論文特有の論理の構成・展開、語彙・表現、形式・内容についての指導も授業の重要な構成要素となっている。

　最後に、この授業が抱える課題として、IT 化が急速に進む現代社会にありがちな盗作（**plagiarism**）などの問題点を含め、指導上ぶつかる壁を指摘し、今後の方向性を模索する。

3. 授業の目的

　この授業の目的は、学問の方法を修得する上で必要不可欠な研究論文や卒業論文作成に必要な知識・技能・経験を育成することである。最終到達目標である1500語から2000語の小論文を完成するために、学生は図書館の利用法に始まり、さまざまな文献資料の調べ方、引用・パラフレーズ・サマリーの使い方、論文構成法、推敲の仕方等を学ぶことになる。この論文を書く指導のプロセスの要となるのが、先ほども述べたリベラル・アーツの柱である客観的・分析的・批判的判断に基づいた論理的思考の養成である。また、1年次からのELPでの授業の積み重ねが、ひとつの論文という具体的な成果となるという側面もある。

4. 授業計画

　この目的を達成するために、論文作成法を1学期間、週2回10週にわたる計20回の授業(表1)で指導していく。担当する教員により指導方法は多少異なることもあるが、基本的には以下に示す順序を追って指導を行なうことになっている。

第1週	授業の目的、概要、評価方法の紹介 前履修学生による論文を参照
第2週	トピック選択と絞り込み
第3週	図書館使用方法のオリエンテーション
第4週	主題文、研究提案、仮のタイトル作成
第5週	アウトラインの作成
第6週	イントロダクションの作成
第7週	初稿の作成と推敲
第8週	第二稿の作成と推敲
第9週	結論と概要の作成
第10週	最終稿の提出

表1　授業計画

5. テキスト

1年次の ARW や RCA と同様に、The Student Guide to Writing in the ELP (SGW) がこの授業のライティングの参考書として使用される。SGW は ELP で独自に作成されたアカデミック・ライティングのための参考書である。第5章が Theme Writing のために書かれており、リサーチに基づく論文の書き方を詳しく説明している。学生は必要に応じてこの章を参考にする。この SGW は1年次に引き続いて非常に役に立っているようである。

6. 評価方法

前述のとおり、論文のテーマを考える段階から最終原稿に至るまでのプロ

Evaluation Sheet

Name _____

* **Progress Grade** (50 pts)
- Narrowed topic, Research questions, Finalized research questions, Working bibliography, Essay Map, Introduction, First draft, First Conference, Second draft, Second conference (40 pts)
- Attendance (10 pts)

* **Final Paper Requirements** (10 pts)
- Title page, Revised outline, Abstract, Introduction, Citations, Headings, Conclusion, Works cited page, Source copies/cards
- Final essay received by the due date

* **Content of the Paper** (40pts)
- Narrowed topic, Introduction, Organization, Logical development, Use of sources/evidence, Analysis of topic, Critical discussion, Conclusion, English usage/grammar, Adequate sources

* **Total Points**
- Attendance Grade: /10 ● Progress Grade: /40
- Final Paper Requirements /10 ● Content: /40
- **Total Grade Awarded:** A   B   C   D   E

図1 Evaluation Sheet

セスを重んじる指導を行っており、できあがった論文のみを評価の対象とするのではない。最終授業評価は完成した論文に対する評価に加えて、学生が授業に参加し、段階的な手順を踏んで論文を完成していく努力も考慮に入れている。したがって、提出された論文の質に関わらず、多くの授業を欠席回数が多い学生には、この授業の履修単位は与えられないことが決められている。

　論文の評価基準は1.トピック、2.リサーチの質、3.構成、4.参考文献の使い方、5.文法とスペリングから成り立っており、これらのすべての基準に秀でている論文にのみAが与えられることになっている。参考のために評価方法の一例をあげる（図1）。

7. Conference（個別指導）

　この論文作成のプロセスを支える非常に効果的な指導が、授業外に行われる「Conference」と呼ばれる担当教師による個別指導である。Conferenceは、ひとりあたり1回約20分時間を費やして3～4回にわたって行われ、学生と一対一できめ細かく指導する。指導内容は、トピック選び、論理の展開、主題文のサポートの仕方など、各学生の個別のニーズに応えることを目標としている。Conferenceで、学生に要求されるのは、各自が論文作成で抱えている問題点を明確に教師に伝え、これに対するアドバイスを求めるという積極的な態度である。学期末に行われる学生の授業評価において、Conferenceに対する評価は概して高く、ひとりひとりの学生に注がれる教師の関心と直接的な指導が論文作成の過程に役立っていることを示している。

8. トピック選び

　論文を書くにあたって学生が最初にぶつかる壁は、適切なトピック選びである。このトピック選びに成功するかどうかが論文の出来を大きく左右することになる。まず、学生は「interesting（自分が興味を持てる）、academic

Chapter 9>>

（学究的）、specific, but not too specific（具体的）」（SGW）を基準にトピックを選ぶように指示を受ける。大半の学生は適切なトピックを選ぶことができるが、中には漠然とした広範囲にわたるトピックを選ぶ学生もいる。このような場合には、担当教師は該当する学生と Conference を行い、トピックをもっと絞り込む必要性を指摘する。例えば、学生の選んだトピックが学術論文のテーマとしてふさわしいのか、主題文を立証できる英文の資料が手に入るのか、1500～2000 字程度で十分に展開できる内容なのかなどについて考えるように指示を行う。

学生の選ぶトピックは、ICU 生の持つ多様な興味と関心を反映して、政治、経済、文化、科学、社会などさまざまな分野に及ぶ。中には1年次に学んだ The ELP Reader で取りあげたトピックに関心を触発され、異文化の比較、人種差別問題、環境破壊問題、クローン技術などに代表される生命倫理問題等を選び研究する者もいる。また、国際的な視野を身に付けることをめざし、国際的協力や政治問題に興味を持つ学生は、国連や開発途上国

トピックの例
1. Works of Gaudi and Islam Culture
2. The Scientific Analysis of Mona Lisa: Why Mona Lisa Attracts People
3. Gay Marriage: Rights of Homosexual People
4. Democratic Schooling: The Education of Living
5. The Similarities of Myths
6. The Future of Japanese Music Industry: An Analysis of Errors in Introducing Copy Controlled CD
7. The Usage of Gairaigo in the Japanese Language: Is the Replacement Needed?
8. What Universities Can Do to Improve the Male-Dominant Society in Japan
9. Victims of Social Structure: The Homeless Families
10. Mozart's Requiem: The Unfinished Work of a Genius
11. The Aftereffects of White-Settlement in Australia: Unsolved Problems Among Aborigines
12. Toward Effective Development Aid: Following the Case of European Countries

---

図2　トピックの例

に関するトピックを選ぶようである。参考のために、筆者が今までに受け持ったクラスから、トピックをいくつかあげてみる（図2）。

9. タスク中心の授業展開

次に、実際にどのような授業が行われているかを紹介する。おおまかな授業の骨組みはどの教師も共通しているが、細かい指導法は担当する教師により異なっている。筆者の授業を例にとると、グループやペアでのインタラクションを重視するタスク中心の授業展開を行っている。ここでは筆者が授業で行っているタスクの中から、次にあげる4種類のタスクを取り上げてみる。

1. エッセイマップ
2. 読者のインタビュー
3. イントロダクションの書き方
4. ピア・フィードバック

これらのタスクが目指している効果は、1) ライティングの一つのジャンルである学術論文特有の内容と構成に対する理解を深めること、2) 主題を証明する議論を展開していく過程において、あらかじめ読み手を想定し、3) その読み手のスキーマや予想に沿うように論旨を組み立て、説得力のある論文を構築していくことである。

>9.1 エッセイマップの作成（Essay Map）

いったんトピックが決まると、研究提案（Research Proposal）を作成し、具体的に主題をどのように展開していくかを考える。その準備段階として、まず、トピックに関して思いついた考えを1枚の紙に書き出し（ブレインストーミング）、次に内容の論理的なつながりを考慮に入れながら考えを整理し、論文の骨組みを構築するという作業に移る。それによって、ある程度考えが固まると、それをもとにアウトラインを作成する。いわゆる論文の設計図をつくる段階である。

アウトラインは大まかな計画を練るという点では役に立つが、欠点もある。学生によっては、アウトラインは言葉の羅列にすぎず、アウトラインは書けても肝心の論文の内容はきちんと計画できていないことがある。つまり、アウトラインはしっかりとした考えがまとまっていなくても、ある程度は書けるという点が問題なのである。さらに、教師の立場からもアウトラインを見ただけでは、学生の考えている内容や論理の展開が見えてこない場合もあり、論文を書く準備ができているかどうか判断しにくいことも多い。そこで筆者の授業ではアウトラインと第一稿のギャップを埋め、学生が自分の考えている計画を詳しく説明することが要求されるエッセイマップ（Reid、2000）を導入している。

エッセイマップは 1. My Audience（読み手）、2. Working Title（仮題）、3. My Purpose（目的）、4. Introduction（イントロダクション）、5. Body（本文）、6. Conclusion（結論）の項目から成り立ち、学生が自分の言葉で論文の概略を説明するものである。まず、自分の読者を想定することにより読者に対する意識を高めることから始める。次に論文を書く目的を明らかにし、暫定的なタイトルを考え、「I will explain . . . , I will point out . . . , I will summarize . . . 」などのフレーズを使って論文の主要部分で何を述べるかを説明するものである。参考のために、エッセイマップの一例（図3）を下記に載せる。なおこのサンプルにはいっさい手が加えられていない。

上記のエッセイマップを読むと、この学生は論文を書き始める前から、どのように論文を展開させるのか十分に準備ができていることがわかり、また、この論文はおそらく成功するであろうという予測も立つ。（実際、この学生の論文は非常によくできていた。）また、エッセイマップは考えが整理できていない学生にも効果がある。自分のことばで論文のキーポイントを文章に書き表すことにより、漠然とした考えを明確にするプロセスを踏むことができるからである。逆に、このマップがうまく書けない学生の場合は、アウトラインは書けたものの、実は自分の考えがまだ具体的なものになっていないということが明らかになる。教師の立場からも、このマップの出来次第で、学生が初稿に取り掛かる準備ができているかどうか、簡単に判断がつくという利点があり、的確な指導が容易になる。

Essay Map

Name: x x x x

Writing an essay map can demonstrate the strengths and the possible weaknesses of an organizational plan. Write an essay map for your research paper.

My Audience: Mrs. Hayashi and classmates
Working Title: The Aftereffects of White Settlement in Australia: Unsolved Problems Among Aborigines
My Purpose: To show that Aborigines face social problems that are caused by white-settlement
To persuade that education and reconciliation are the key to improve Aborigines' life standards

Introduction:
I explain that many people tend to think Australia is full of good aspects; however, there exists sad history in Australia, and the aftereffects of it still remains today. I will point out that Aborigines are suffering from social problems, and claim that there needs to be more attentions paid in order to overcome the problems.

Background Paragraph:
I will point out some of the problems that Aborigines have, and show how serious it is by comparing data between Aborigines and non-Aborigines. I will also point out that these problems are caused by the policies of the government. In other words, the problems are caused by white-settlers.

Body Paragraphs:
(Suggestion 1) I will explain that education is important for both Aboriginal & non-Aboriginal children. For Aboriginal Children, more emphasis of education would help them to improve both economical and health problems. For non-Aboriginal children, learning about Aborigines would help them to gain more respect toward each culture.
(Suggestion 2) I will propose that reconciliation (settlement of land-rights problem and apology problem) is very important for Aborigines to overcome the traumas and to achieve self-management.

Conclusion:
I summarize that it is too optimistic for all of us to think that every ethnic group lives happily and equally in Australia. People should recognize the serious problems that Aborigines are facing today. The history of colonialism is not over, it is still happening because the problems that Aborigines have, are the effects of colonialism. To achieve real "multi-culture" Australia, education and reconciliation are necessary.

図 3　Essay Map

>9.2 読者のインタビュー（Audience Interview）

　学生の論文によく見られる問題点のひとつに、読み手が自分のトピックに関する知識をどれだけ持っているかが理解できていないことがある。つまり、読み手が自分と同じレベルの知識を持っていると思い込んで書いている場合である。そのために、論文の内容を理解するために必要な背景情報やキーワードの定義が提供されず、読み手にとって理解しにくい論文となってしまう。技術・科学・経済などの専門性の高いトピックの場合には特にこのことを配慮する必要がある。筆者が過去に受け持った学生のなかにも、スポーツ医学や先端科学技術に関するトピックを取り上げた学生にこの問題が見られた。

　この問題を解決するためには、論文を書く準備段階で、読者が論文を読む際に持ち込むスキーマや期待に対する「気づき（noticing）」を育てる必要性がある。例えば、読み手の興味を引き付け、読み続けてもらうためにはどうすればよいのか、読み手がすでに知っていることは何か、知りたいことは何か、その答えをどのように提供すれば読み手の理解と共感を呼ぶ論文が書けるのかなどである。

　そのために、読者（クラスメートと教師）を想定して、学生同士でお互いのトピックに関してのインタビューを行っている。質問に用いる表現を次にあげる。

1. What do you already know about my topic?
2. What is your attitude about my topic?
3. What do you want/need to know to understand my topic?
（Reid, 2000 に基づく）

　このインタビューの結果、読者と自分のスキーマは重なる部分もあるが、決して同じではないという気づき（noticing）が生まれ、そのギャップを埋めるために、どういう情報を提供すればよいかがわかってくるという効果がある。

>9.3　イントロダクションの書き方

　論文の第一印象はイントロダクションで決まると言われる。ほとんどの読者はイントロダクションを読んで、その論文が読むに値するかどうかを決めるのであろうから、イントロダクションで読み手にどのようにアピールするかが論文の出来を左右するといっても過言ではない。しかも、読み手はここで得た知識をもとに、論文内容の予測を立てて論文を読み進むことになるので、イントロダクションが、読み手の読みをガイドするマップという重要な役割を果たすことになる。しかし、短いエッセイやパラグラフとは異なり、研究論文のイントロダクションを書くのは、容易ではない。まず、かなりの長さが期待される。1ページから2ページくらいは必要である。さらに、文章の展開の仕方には、一定のパターンがあり、当然、読み手もそれに則した展開を期待している。トピックの背景（background information）を説明することも大事である。その上、背景情報として何がふさわしいのかを考えなくてはならない。筆者のイントロダクションの授業では、これらの談話的能力（discourse competence）を育成することを目指している。ここでは、そのためのタスクを紹介する。

　はじめに、簡単にイントロダクションに関する講義を行う。イントロダクションの役割を説明し、イントロダクションの4つの構成要素としての1. オープニング（hook）、2. 背景（background）、3. 主題文（thesis statement）、4. エッセイプラン（map）をあげて説明する。その次に、論文のトピックに関する読み手のスキーマを活性化するためには、背景情報（background information）が重要であることを指摘し、背景としてふさわしい情報の種類をあげる（例：専門家の証言、寓話、事実、歴史的出来事、キーワードの定義、統計的数字など）。その後、身近な例として、以前に担当した学生の書いたイントロダクションを読ませて、1) 4つの構成要素がどこに書いてあるか、2) 背景情報の種類には何が書いてあるかをグループで話し合わせるタスクである。参考のために、このワークシート（図4）を載せる。

　このタスクを通して、イントロダクションには何が必要で、どのような順序で論旨を組み立てるのかという「気づき」を育てる。この授業の後、学生

> **How to write an introduction**
>
> **Task 1: Sample introduction**
> Read the sample introduction, identify the four sections (1. hook, 2. background information, 3. thesis statement, 4. map), and check your answers with your group members.
>
> **Task 2: Analysis of the sample introduction**
> Work together with your group members and fill in the blanks in the table about the introduction you read in Task 1.
>
> | | |
> |---|---|
> | 1. Types of Background information included (e.g. facts, history, definitions, current situations, story, statistics, etc.) | |
> | 2. Development of ideas (e.g. how the ideas are developed: specific to general or general to specific) | |
> | 3. Your evaluation of the introduction (e.g. effective, well-organized, easy to understand, persuasive, etc.) | |
>
> **Task 3: Writing your own introduction**
> Plan what ideas you would like to include in your introduction.
> 1. Hook:
> 2. Background:
> 3. Thesis Statement:
> 4. Map

図 4 How to write an introduction

はそれぞれ宿題として自分のイントロダクションを書き始めるのであるが、概して困難なく書けるようである。

>9.4 ピア・フィードバック (Peer Editing)

書き上げた原稿を読んで、推敲 (Editing) を重ね論文の質を向上するのも大事なライティングのプロセスであるが、経験の浅い学生にとって、自分

<<Theme Writing

Peer Editing for Introduction

Writer's Name _____ Editor's Name _____

I. HOOK:
1 Does the introduction begin with a "hook"?
                                                                          1 Yes   2 I'm not sure   3 No
2 Is it effective?   1 Yes   2 I'm not sure   3 No
3 Do you have any suggestions? _____

II. BACKGROUND:
1 Does the introduction provide enough background information?
                                                                       1 Yes   2 I'm not sure   3 No
2 If you think it is not enough, what should be added? _____

3 Are there any key words that need to be defined?
                                                                       1 Yes   2 I'm not sure   3 No

III. THESIS:
1 Is the thesis clearly stated after the background information?
                                                                       1 Yes   2 I'm not sure   3 No
2 Is the thesis statement suitable for an academic essay?
                                                                       1 Yes   2 I'm not sure   3 No
3 Do you have any suggestions? _____

IV. MAP:
Does the introduction end with a "map" which provides a concrete plan on how the paper will develop?   1 Yes   2 I'm not sure   3 No

V. TRANSITIONS:
Are there enough transitions to help the reader understand the logical flow?
                                                                       1 Yes   2 I'm not sure   3 No

VI. The best part of the introduction draft is:

VII. One weak point of the introduction draft is:

図 5 Peer Editing Worksheet

の原稿を客観的に読み、改善点を見つけるのは決してたやすくはない。そこで、授業中に学生同士がお互いの原稿を読みあい批判的に分析し助言しあうピア・フィードバック（**Peer Editing**）を実施している。このピア活動には読み手に対する意識が生まれるという利点もある。

しかし、ただ「お互いの原稿を読んでコメントしなさい」という指示を出しただけでは、なかなかうまくはいかない。相手の書いたものをどのように評価したらよいのか、わからずにとまどう学生も多いからだ。この問題を解決するために、具体的なチェック項目を記したワークシートを作成してお互いのコメントを書かせている。ピア・フィードバックのひとつの問題点として、相手の欠点を指摘するのは非常に心理的抵抗があるという日本人特有の気質がある。この気まずさを克服するために、まず、長所を「**The best part of this paper is...**」と書かせた上で弱点を「**One weak part of this paper is...**」と書かせている。こうすると比較的抵抗なく相手の論文の批判ができるようである。参考のため、イントロダクションのために行ったピア活動のワークシートを以下に載せる（図5）。

ピア活動に対する学生の反応は良い。やはり、自分の論文について話す場が与えられること、客観的な目で自分の論文を読んでコメントしてもらうことが役に立つと実感しているようである。また、学生によっては教師顔負けの鋭い考察を行い、筆者も学生から自分にはない視点を学ぶこともよくある。

10. 今後の課題

この章では Theme Writing（論文作成法）の概略に始まり、具体的な授業の進め方を紹介してきた。論理的思考能力を育成する学問の場として、この授業の果たす役割は大きい。既履修者によると、この授業で学んだことが、各自の専門分野での研究や卒論に役に立っているようであり、多くの卒業生が Theme Writing での厳しい訓練が日本語で論文を書く際にも非常に役に立ったとコメントしている（吉岡、2002）。

最後に、この授業のこれからの課題について述べてみよう。ひとつは盗作

に関わる問題である。ICUのホームページにはアカデミック・インタグリティー（学問的倫理基準）に関する方針が掲載されており、全学において、学問的倫理基準を維持することの重要性が説かれている（**Steel**）。しかし、学生のなかには、参考文献から文章をそのまま書き写していることがある。とくに、**IT**化が急ピッチで進む現在、簡単にインターネットから情報を得ることが可能になり、得た情報（または論文）をそのまま自分が書いたものとして提出する学生もいる。見つかり次第、学生に厳重に注意を行っているが、学生によっては、詳しい説明を試みても、他人の意見を書き写すことがなぜいけないのか理解できない。おそらくこれは日本の教育において「他人の文章を借りる＝盗作」という教育があまり行われていないからであろう。いずれにせよ、盗作が許されない行為であるという教育を徹底すること、考えや文章を借りてくるのならきちんと出典を明らかにするということを重ねて指導する必要性がある。

　第二にあげられる問題点としては、論理的思考の養成を指導の中核にしているのにもかかわらず、少数ではあるが論理的に書くということがなかなか身につかない学生がいることである。英語力の問題というよりも、何を書いてよいのか途方にくれている感じである。熱心に努力するのだが、書きあがった文章をみると、思いつきで書いた部分が多く、また、考えがあちこちに飛び、文章に論理的なつながりがない。このような学生は**Conference**で論理的展開の欠如を指摘しても、自分ではどのように直せばよいのかわからず、教師の考えに頼ろうとする。この背景にはおそらく母語の日本語でもきちんとした論理的な文章を書く訓練を受けてこなかったということが影響しているように思われる。このような学生に論理的に文章を書くということを教えるにはどうすればよいのか。文章レベルの論理的一貫性（**Coherence**）と文レベルの結びつき（**Cohesion**）の重要性を教え、それを具体的に論文に取り入れることを練習するタスクを授業に取り込む必要性があるのではないか。筆者の授業のこれからの課題である。

11. おわりに

　アカデミックな論文を書いた経験がない学生にとって、ひとつのトピックを 10 ページにもわたって英語で論じるのは難題である。この授業を履修する際に、10 週間という短い期間内に論文を書き終えられるのかと不安に思う学生も少なくない。しかし、論文特有の論理の展開の仕方を学び、段階を追って論文を書く技能を習得することにより、それも可能になる。そしてこの論文を書き上げた経験が、学生の思考力を伸ばし、学問への関心を育て、さらなる学問の追求のための原動力となる。この授業の意義はここにある。

参考文献

English Language Program. (2003). *The student guide to writing in the ELP*. (2004). Tokyo: International Christian University.

Reid, J. (2000). *The process of composition.* New York: Longman.

Riney, T.J. (2001). The number and percentage of English-medium senior theses at ICU. *Language Research Bulletin, 16,* 125–134.

Steel, W. 「アカデミック・インタグリティー（学問的倫理基準）に関する本学の方針」http://w3.icu.ac.jp/

吉岡元子 (2002)「第 1 章 英語でリベラル・アーツ」絹川正吉（編）『ICU〈リベラル・アーツ〉のすべて』東信堂

Chapter 10

Sophomore English[1]
ソフォモア英語
渡辺敦子
David Pickles

1. はじめに

ELP2年次のカリキュラムは1年次で学んだ基礎的学問能力をさらに強化するリベラル・アーツへの架け橋的な存在である。そのため1年次のELPの単位を取り終えてからでないと履修はできない。2年次のELPのカリキュラムにコースは2種類あり、そのひとつがSophomore Englishである。単位数は2単位で授業数は週2回、基本的に1年次のELPを終えた学生は全員履修し、2年次の海外夏期研修に参加する学生は履修免除となる。Sophomore Englishは第3章で述べた内容中心アプローチを取り、アカデミックなテーマの学習を通して4技能の向上を目標としている。

2. トピックの多様性

Sophomore Englishではテーマ、シラバス、4技能の中で特に焦点をあてる英語技能、評価方法に至るまで各教員が考案する。コースのテーマは個々の教員が自分の専門分野、興味などを基に決めている。2005年度のSophomore Englishのクラスは26名の教員が担当し26種類のテーマが提供されている（図1 2005年度Sophomore Englishコーステーマ参照）。

コースのテーマは多種多様であり、教員の数だけの種類のクラスが存在する。例をいくつか挙げると、Who am I? Modern and Postmodern Conceptions of Human Identity（自分とは？ 人のアイデンティティーのモ

Chapter 10>>

春学期
- Culture & society in 1950s America: the rise of rhythm and blues
- Dreaming of a better world: utopian thinkers in history
- Exploring the mythology, history, and influence of the Celts
- American musical theater
- Songs and society
- Key concepts of Japanese culture: how can we explain our culture to foreigners?

秋学期
- Intercultural communication
- What's so funny? Humor & its role in society
- An introduction to qualitative research methods: interviewing
- What else are you selling me? Reading magazines: critical discourse analysis
- Developing critical views through news
- Understanding Australia
- Who am I? Modern and postmodern conception of human identity
- Country music and enka
- Gender in Communication

冬学期
- Female icons of the Hollywood screen
- Adventure, travel, then and now
- Consumer awareness
- Contemporary British culture
- A course on translation
- Detective fiction: the new American hero
- Analyze this: from controversy to debate
- Mass media
- Film studies: An introduction
- Japanese literature in translation
- Current business issues

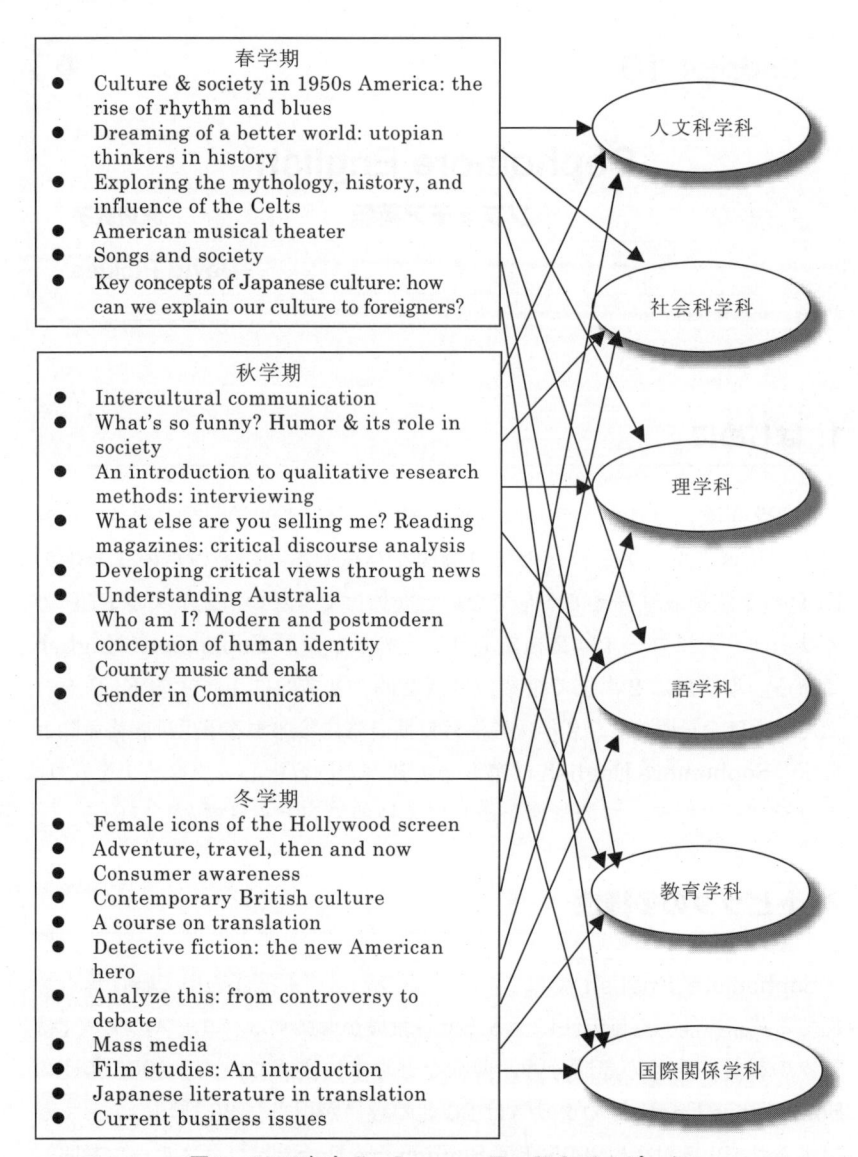

人文科学科
社会科学科
理学科
語学科
教育学科
国際関係学科

図1 2005年度 Sophomore English のトピック

ダン、ポストモダン概念)、Consumer Awareness (消費者意識)、Female Icons of the Hollywood Screen (ハリウッド映画の女性像)などトピックに重点を置く授業から、An Introduction to Qualitative Research Methods: Interviewing (質的リサーチ入門：インタビュー)、A Course on Translation (翻訳)、Analyze This: From Controversy to Debate (討論)のようにスキルに焦点を合わせた授業もある。

内容中心アプローチはELPの中核を成すアプローチだが、ELPのコースの中でもSophomore Englishが最も内容中心アプローチが実践されているコースである。トピックに重点を置いているSophomore Englishと学生がリベラル・アーツカリキュラムで履修するコースとの違いが一見わかりづらいかもしれない。リベラル・アーツカリキュラムはその分野を専門とした教員が教授するが、Sophomore Englishは語学教育を専門とした教員が教えるELPの中の1コースであり、あくまでも語学のコースである。

Sophomore Englishのトピックの多様性はICUの6つの学科を象徴し広域な分野を網羅している(図1 2005年度 Sophomore English コーステーマ参照)。リベラル・アーツカリキュラムで学ぶ前に語学教員によりあるトピックの初歩的な指導を受けるという点からもSophomore Englishはリベラル・アーツへの架け橋的存在だと言えるだろう。

3. 学生による選択

Sophomore Englishの特徴のひとつとして、ELPのコースの中で学生に授業の選択肢が与えられている唯一のコースであることが挙げられる。Sophomore Englishを選択する際、授業内容、担当教員、履修学期などの要素から学生は授業を選択する。本章2のトピックの多様性で記述した通りSophomore Englishのトピックは多岐にわたっており、学生たちは約30種類のトピックから自分の興味、また自分が補強したい英語運用能力を考慮に入れてクラスを選ぶ。

学生がクラスを選ぶ際には、担当教員の選択ということも考慮する点である。日本人教員が教えている授業、日本人教員ではない教員が教えている授

業、ELP1年次の担当教員、なじみのない教員などの約30名の教員からの選択が必要になる。

さらには開講学期も考えなければならない。Sophomore English は春、秋、冬学期と履修可能であり、2年時のスケジュールと Sophomore English の開講学期を照らし合わせ履修計画を立てる必要がある。

どの学期に何のトピックをどの教員から履修するか考えることにより、大学での学習の責任は自分にあることを自覚し、自己の学習計画を立てる練習をすることとなる。Sophomore English では選択を学生に与えることにより自己の学習計画から自己の学習スタイルや学習段階について自分で調整する自律学習（Johnson & Johnson, 1998）を促すことをも目指している。

4. 具体例 Film Studies: An Introduction

多様な Sophomore English コースの中から筆者ピクルスが担当する Film Studies: An Introduction を一例として挙げ説明する。

>4.1 到達目標

このコースの目標は、映画を解釈する力また批判的に鑑賞する力を身につけること及び4技能の向上である。映画を解釈、鑑賞する力をつける、さらに映画について討議し、論文で批評する方法を学ぶために学生たちはまず映画についてさまざまな知識を学ぶ。映画で使われる専門用語、映画のストーリー構成、映画の主題、配役、プロット等、さらに映画撮影方法、音響、編集技術などが含まれている。

4技能向上のためには次のような言語活動が、1学期を通してくまなくシラバスに組み込まれている。

リスニング: 字幕なしで8〜9本の映画の鑑賞。講義、クラスメートとのディスカッション。

スピーキング: 映画について教員、クラスメートと討議。プレゼンテーション(2〜3回)。

リーディング及び単語習得: テキストとして指定されている *A Short Guide to Writing about Film* (Fifth Edition)を読む。個々の文献収集。

ライティング: 8回の筆記式小テスト、中間テスト・期末テスト各1回。論文1本またウェブページへの書き込み。

>4.2 シラバス

Film Studies: An Introduction では1週間(授業2回分)で1本映画が取り上げられる。授業で紹介される映画はコメディ、ミュージカル、ウェスタン、ミステリーなど多様なジャンルから選ばれており、制作年も1920年代から2004年制作のものと広範囲に渡る。筆者は意識して学生がまだ見たことがないと思われる古い名画を取り扱っている。またハリウッド映画、ハリウッド映画でないもの、中には言語が英語ではない映画も紹介される(表1 Film Studies: An Introduction シラバス参照)。なお、授業時間を有効に活用するため、映画は学生たちの授業がスケジュールされていない6、7時限目と授業外に放映される。

表1のシラバスは2004年度のSophomore Englishで実際に使用されたものである。授業では第1週から映画の専門用語、概念などを学び、第3週からは授業の課題である論文執筆の説明がある。Film Studies: An Introductionではシラバスが WebCT により受講者に公開されている。

>4.3 WebCT課題　質問作成『市民ケーン』

次にこのクラスで行われる課題例を説明しよう。最近 ELP でも WWW を授業に活用する教員が増えてきたが、Film Studies: An Introduction はその中でも特に WWW 活用が活発である。このクラスはコースシラバス、クラスルール、授業で使用するプリント、トピックに関する参考リンク Internet Move Database, Film Review Query Engine など、またディスカッションを促すための質問作成、意見交換などすべて WebCT を利用しオンライン化している。

映画鑑賞後、個々の学生は文献収集をして映画について話し合うための質問を考え、WebCT に掲載することが課されている。学生は他の学生が作

週	曜日	トピック	取り扱う映画
1	火	映画について考える	アウル・クリーク橋の一事件 (1962)
	金	ノートを取る & 視覚記憶	市民ケーン (1941)
2	火	テーマ、ストーリー、登場人物、視点	カリガリ博士 (1919 & 1932)
	金	映像に表現される物　写実主義	
3	火	構成と映像	羅生門 (1950)
	金	音響、サンプル論文	
4	火	映画について書く	雨に唄えば (1952)
	金	中間試験	
5	火	映画について記述をする六つの方法	めまい (1958)
	金	サンプル論文	
6	火	ライティングの文体と構成	大砂塵 (1954)
	金	パラグラフ：序論と結論	
7	火	論文の題目提出　論文題目のプレゼンテーション	ブルーベルベット (1986)
	金	論文アウトライン提出	
8	火	修正アウトライン提出	ボックスオブムーンライト (1997)
	金	論文初稿提出	
9	火	論文締切	ビッグフィッシュ (2004)
	金	授業最終日	

表 1　Film Studies: an Introduction シラバス

成した WebCT 上の質問を読み、WebCT で意見を述べる。具体例として『市民ケーン』の映画について学生が作成した質問の一部を紹介しよう（図 2 WebCT 課題　質問作成『市民ケーン』参照）。

　学生が作成した質問は主題、映画の象徴的意味、ナレーション、撮影方法について等、さまざまであり、映画のストーリーの内容を追い、誰が何をどうしたというような映画の内容確認するような質問は見られない。Sophomore English はアカデミックなトピックを学びながら 4 技能の育成を狙

>> Sophomore English

> Citizen Kane: Discussion Questions
>
> 1. Why did Kane whisper Rosebud before he died? If the word "Rosebud" is the symbol of something that he lost, does it mean that he knew he was making mistakes in his life?
> 2. Why is the face of the reporter in *Citizen Kane* never revealed?
> 3. Why is the title *Citizen Kane*?
> 4. What are some of the themes of *Citizen Kane*? Refer to particular scenes of the film.
> 5. List one film technique used in *Citizen Kane* that seemed outstanding to you.
> 6. Why does the film use five different narrators?
> 7. Why did Kane collect so many statues?
> 8. Why is *Citizen Kane* considered a masterpiece, even after fifty years?

図2　WebCT課題　質問作成『市民ケーン』

うが、「アカデミック」であることがこれらの質問からもわかるだろう。Sophomore Englishでさまざまなトピックをアカデミックな視点から学ぶことを会得した学生は、自分が興味をもつ分野をアカデミックな切り口から分析することが可能であることを知り、それが卒論のテーマとなる学生も少なくない。

>4.4　WebCT課題　質問作成『羅生門』

　次に実際に学生がWebCT上で行ったRashomonに関するやりとりの一部を紹介しよう（図3 WebCT課題　質問作成『羅生門』参照）。学生Aの質問は "Why is Rashomon regarded as one of the greatest films in the world?"（なぜ『羅生門』は世界の中でも有数の偉大な映画として見なされているのだろうか）と他の学生に自由回答を求める質問だ。回答した3人の学生のコメントは撮影方法、話の展開、音響効果、主題などに言及し、専門用語を使用して意見を述べている。さらに学生B及びCは映画が制作された当時の時代背景を考えて映画を批評している。本コースの到達目標

Chapter 10>>

> Message Posted by Student A on Wednesday, September 29, 2004 11:38
> Subject: Rashomon Question
>
> Why is Rashomon regarded as one of the greatest films in the world?

> Message Posted by Student B on Sunday, October 3, 2004 03:21
> Subject: Re: Rashomon Question
>
> I think Rashomon was so fresh in the points of the mysterious story and shooting technique in those days. For instance, using well of the shot of the sunlight, effective sound effects, and expression of the driving rain or so. Still now, Rashomon is so overwhelmingly powerful movie. So, Rashomon is said "the greatest movie" now.

> Message Posted by Student C on Monday, October 4, 2004 00:08
> Subject: Re: Rashomon Question
>
> Probably the concepts and techniques that are used in this film makes this film a masterpiece. The subject of the story is the investigation of a murder and the perspectives of each of the witnesses to the event, including the murderer and even from the perspective of the victim. Each of the characters believes that what they are telling is "the truth". This concept of a same story told from different points of view was very new in those days. Moreover, long takes that focused on an actor's face was incredible. The long takes is very difficult to take, but it seems more real then cutting the film. It was used in the court and fight scenes, I especially like the realism of the fight scenes. In addition to long takes, many shots of the sunlight and sound effects had effectively showed actor's feelings. These techniques give more depth to the film. Obviously, these techniques make this film one of the greatest film ever made.

> Message Posted by Student D on Tuesday, October 5, 2004 13:08
> Subject: Re: Rashomon Question
>
> This film seems to be thought as one of the greatest films, because it precisely and briefly shows its theme which I think is human greed using a few characters and only one event.

図3　WebCT 課題　質問作成『羅生門』

のひとつである「映画を解釈する力また批判的に鑑賞する力を身につける」ことを学生は実践していることが見て取れる。さらに彼らの英文を見ると多少の文法の誤りはあるものの、アカデミックな単語、文章構文を使っている。学生 C は第一文でトピックセンテンスを書くかのように学生 A の問いに答えている(図 3 参照)。もうひとつの到達目標である 4 技能向上であるが、ライティングも 1 年次の ELP を基礎に上達していることがわかる。

>4.5 試験

最後に Film Studies: An Introduction の期末試験で出題される問題を何問か例として挙げる。2004 年度の試験は最後の授業時間に実施され、記述式一文で答える問い、パラグラフで答える問いから構成されている。一文で答える問題には "Give an example of symbolic use of color from *Johnny Guitar*."(映画『大砂塵』の象徴的な色の使い方の例を述べなさい)"Explain the significance of this line of dialogue: 'It's too late. I've got my face on.'" (It's too late. I've got my face on. という台詞の意義を答えなさい)。パラグラフで答える問題には "Discuss the theme(s) in one of the films that were covered in the course. Explain how character, plot, and film technique work to reveal and explore the theme(s)." (授業で取り上げられた映画のテーマについて述べなさい。登場人物、プロット、撮影技術がそのテーマでどのように使われているか述べなさい) "How has this course changed the ways you watch, think, and feel about movies?" (このコースを履修し、映画の鑑賞の仕方、考え方、感じ方がどのように変わりましたか)。これらの問題は授業で学んだ内容を暗記して答えられるような問いではなく、学生が自分の意見、解釈を答える問いである。これら試験の問題は学生たちが当コースの目的である「映画を解釈、鑑賞する力をつける、さらに映画について討議し、ライティングで批評する」ことをどれだけ達成したかを計る指針となっている。

ここで紹介したのは Sophomore English の一例であり、各教員が同じように創意工夫を重ねてユニークなコースを作り上げている。トピックの多様性については前述したが、授業内外で課される課題も多種多様だ。討論を

する、翻訳をする、ポスタープレゼンテーションを行う、個人でまたはグループで研究を行う、ミュージカルを演じる、学生英字新聞を作成するなどは、ほんの一部の例である。

5. おわりに

　Sophomore English は学部コースの架け橋的な存在であるとして基礎的学問能力をさらに強化する点、語学教員がトピックに焦点をあてたコースの初歩的な指導をする点、選択肢を生かし自律した学習者としての成長を目指す点を挙げた。最後に付け加えたいのは、自分の興味のあるトピックを学ぶ喜びを体験する点である。Sophomore English を教えるたびに実感するのは、学習における動機づけの重要性である。とりわけ教員の評価、よい成績を取るなど外的動機づけではなく、課題をこなす達成感、授業が楽しいということなどの内的動機づけである（Johnson & Johnson, 1998）。1年次の ELP で英語漬けになり、中には英語を学ぶことに少し拒否反応を起こしてしまう学生もいる。しかし Sophomore English で自分の好きなテーマを学び、興味のあるトピックを学ぶことに喜びを見出し、英語を勉強する意欲を取り戻す学生もいるようである。Sophomore English で学ぶ内容はトピックの初歩的な内容であるが、学生にはそこを入り口として興味の探求を続けてほしいと願うのである。

注

1. 本章は David Pickles の英語の原稿を渡辺敦子が翻訳したものである。

参考文献

Johnson, K., & Johnson, H.（eds.）(1998). *Encyclopedic dictionary of applied linguistics.* Oxford: Blackwell.

Chapter 11

ELP の運営

守屋靖代

1. はじめに

　この章では、リベラル・アーツ教育の基盤を成す重要な役割を担う ELP が実際どのように運営されているか、大学からのサポート、人事構成、授業以外の教員の仕事、学生指導などの説明により明らかにする。

2. 大学の組織的サポート

　教養学部カリキュラムに組み込まれている ELP であるから、他の必修科目と競合しないよう配慮することも重要である。1年次に履修すべき科目として、体育(実技と講義)、情報教育プログラム、一般教育科目、学科基礎科目があり、体育と情報教育プログラムは、セクション単位(体育実技は更に男子、女子に分かれる)で ELP の授業と組み合わせが決まる。一般教育科目、基礎科目を履修する枠として、月、水、金の3限と火曜日3限と木曜日2、3限の6コマには ELP の授業が入らないように組まれており、その枠内で、一般教育科目3単位を2つ、一般教育科目3単位ひとつに基礎科目3単位ひとつ、または同じ学期に開講されていれば基礎科目3単位2つの組合せが可能である。ELP と他の科目とのスケジュール調整は多大な時間と労力を要し、各部署の主任やスタッフの長年の経験と全体を把握するプロ意識によって初めて可能である。更にプログラムを移動した学生、再履修の学生が、ELP 以外の科目の履修との兼ね合いにおいてどのセクション

に配置されるかを検討するのも煩雑な仕事であるが、学期ごとに必要な措置が取られている。

　ELPは独自のプログラムであり、教養学部教育の基礎となる役割を担っているため、他の大学の英語科目をそのまま単位として認める単位互換は許していない。このことは、例えば学士入学で入って来る学生は、最初の年はELPで忙殺され、次の年にはもう専攻を決めて卒論に取りかかるということになり、学士入学で2年で卒業するのはかなり困難である。しかし、その負担を強いてでも、ICUの卒業生として送り出すためにはELPの履修が不可欠とみなされ、他大学で修めた単位で代えることは許されない。ELPが唯一単位互換を認めているのは、1年次夏6週間の海外英語研修プログラムに参加すればCommunicative Strategiesの秋、冬学期分2単位を先取りすることと、2年次海外研修プログラムに参加すれば2年次英語2科目4単位が現地で履修できる場合のみである（第4章3参照）。1年次の単位について互換を認めている2単位はCommunicative Strategies部門に限られ、リーディング、ライティングに関しては、ELP以外での履修は認めていない。即ちELPの目指す教育効果は他所ではあげられないという信念と誇りに基づいてプログラムの運営をしている。

　必修のELP科目だけでなく更にスキルを磨きたい、ELPを免除されたが、英語力を伸ばしたい、という学生には、選択科目としてAdvanced Englishと称する4科目が用意され、4技能をさらに伸ばすための講座の他、英語資格試験の準備や、プレゼンテーションの手法を学ぶための講座などが選択科目として開講されている。これら4科目は、1年次ELPを修了した学生がさらに英語力を伸ばすためであると同時に、9月入学の学生でELPの恩恵に浴することが許されない学生や、1年次ELPを免除になった有能な学生のために英語の訓練の場を提供している。

3. ELPの組織

　ELPの教員は、大きく2つに分けて、教授会メンバーである語学科との兼担教員（教授、準教授、助教授）と、講師（課程準教授、課程助教授、専任

講師、特任講師、準特任講師)から構成される。講師のうち準特任講師は3年契約、その後審査を経て特任講師5年に応募することも可能である。しかし、更にその上の専任講師以上になるためには、プログラム内での数が決まっているために、空きがあれば応募できるということになっている。

1998年まで英語教育プログラムスタッフは全員が語学科に属していたが、語学プログラムだけで独立し、教養学部長直属の組織として再編成されることになった。主任、副主任は日本語教育プログラムの主任、副主任と共に、教養学部長が主宰する語学教育プログラム会議に参加する。また同時期に、語学教育プログラムスタッフを、準特任講師(3年契約)、特任講師(5年契約)、専任講師(65歳までのテニュア)、課程助教授(同)、課程準教授(同)という構成にし、主任は兼担教員から、副主任は兼担教員または専任講師から選出されることになった。それまでの準特任講師2年、特任講師3年という契約が延長されたことにより、スタッフの安定が確保され、専任講師になればもう昇進の可能性がないという問題が解消された。

2005年4月現在での構成要員は以下のとおりである。

兼担教員(語学科の教員を兼ねる教授、準教授、助教授)	7名
テニュア付講師(課程準教授、課程助教授、専任講師)	10名
講師(特任講師、準特任講師)	16名
常勤スタッフ	計33名
非常勤講師	計11名

常勤スタッフ33名中、外国人スタッフは21名、日本人スタッフは12名であり、外国人スタッフ内訳は、米国12名、英国4名、オーストラリア3名、カナダ1名、アイルランド1名である。日本人スタッフも含めて全員が英語圏の大学で修士号以上の学位を取得している。過去には、日系アメリカ人、中国系シンガポール人、アフリカ系カナダ人なども採用し、多様な英語の実態を反映するよう人事選考に配慮している。フルタイムの教員33名の集団は、大学内で最大のグループであり、2005年度4月での大学全体の専任教員(教授会メンバー、講師の合計)159名の実に20パーセントがELPの教員である。

教員は全て公募により選考される。主だった英語教育学会、言語学会などに公募の要項を送り、学会誌、学会ホームページに掲載し広く人材を募る。応募の条件として、英語教育関連の学位(修士号以上)を取得済みであること、大学レベルでの教歴があること、日本人の場合英語で授業を行うことができること、などがあるが、カリキュラムや教材関連の仕事も多いことから、これまでの経験や関心など含めて総合的基準で選ばれる。書類選考で10名ほどを選んだ後、ELPの人事委員会(主任、副主任に3名の委員の計5名)で面接を行い、学歴、業績、教歴、推薦状などを検討し最終候補を推薦する。ELP会議では履歴書を回覧し、人事委員会が推薦理由を述べ、投票により決定する。ELPの教員は語学を教えることがICUでの最優先の仕事であるから、他のファカルティに適用される研究業績や出版履歴だけでなく、教える現場での貢献、プログラムの一員としての働きが、採用、次のランクへの採用、専任講師以上の場合は昇進の際特に重用視される。プログラムの特殊性を鑑みて評価制度を当てはめるのもICUならではである。

外国人教員は、数年の契約で2、3回更新するだけで、終身雇用を行わない大学が多いなかで、ICUでは、早い時期から、人数に制限はあるものの専任(テニュア)の身分を設けて、プログラムの中核となる人員を確保して来た。教授会メンバーと同様、専任講師は6年教えれば1年の研究休暇を取得することができ、研究や教科書編修に自己研鑽の機会を持つことができる。2005年4月での10人の専任講師の内訳は、外国人8人、日本人2人となっており、プログラムの機能からすると7対3の比率が好ましく、これからの人事で調整の予定である。専任講師が研究休暇を取る1年は、非常勤ではプログラムの性格上補充が無理であるから、フルタイムの教員枠はそれを見込んで設定してあり、これも大学全体がELPを重要視する故の措置である。

4. ELP 教員の責務

このように、出身国や国籍、母語の多様な33名が、異なるランクで教えているのがELPであるが、教えることに関して差異はなく、どの教員も

科目ごとの目標に向かって学生のよき助けになろうと努力している。第3章5.7.5にも記述されたように、毎月開かれる定例ELP会議では、事務的な連絡から、テストの形式や目的、教育理念についてまで、白熱した議論が展開される。会議の枠(火曜日3限と昼休み、及び4限)はELPの授業は入らないことになっているので、定例会議の日でなくても、火曜日は、科目ごとに集まったり、プログラムごとに担当教員が集まって話し合いを行っている。1年に一度秋には週末を使ってELP研修会が開催され、各人が授業で実践していることや最近の英語教育の動向について報告や討議、ワークショップなどが行われ、互いの関心を分かち合い、技術の向上を図る機会を持っている。また、春学期の新入生リトリートは、語学科兼担教員は語学科のリトリートに参加するが、それ以外のELP教員はキャンパスに残って1日研修会を持ち、普段あまり時間をかけられない懸案事項について研修を行う。

　ELPが単なる語学プログラムでなく、リベラル・アーツ教育の基礎を形成する重要な役割を担い、学問への導入教育の役割をも担っている背景には、「大学の確固たる目標の中で、ELPに籍を置く教員が教育に対して情熱を燃やし、英語教育という専門性に対して誇りを持っているからである。またそれと共に、知の営みに参加し、教員の情熱に積極的に応える学生が多く存在しているからである」(吉岡2002, p.54)

　ELPは集中プログラムであり、授業は全て英語で行われ、課題の量も相当であることなどから、入学直後のオリエンテーションではELPの説明が大きな割合を占めている。アカデミアで通用するスキルとしての英語を学ぶこと、リベラル・アーツ教育の基礎として学問の道具として英語を学ぶことから説き起こし、プログラム、コース、教材、テスト、成績、夏の海外研修プログラムなど最初の1週間で膨大な情報が伝えられ、学生はそれに基づいて定められた時までにさまざまな手続きをしなければならない。プログラムの決定にあたって、どのプログラムがその学生のニーズにいちばんよく機能するか判断がむずかしい学生には個人面談を実施して、外国人、日本人を交えた複数の教員が直接面接をして決める。夏の前には秋からプログラムを移動するための申請の仕方、秋学期には2年次ELPの科目の説明と予

備登録など、ELPの1年はオリエンテーションから始まる履修指導の連続である。学生用ハンドブックやオリエンテーションの資料など配布物も多く、掲示物も頻繁で、ELP専用に各人に割り当てられたメールボックスとELPの掲示板をチェックすることが学生の日課である。

　必修科目であるから、履修するものしないものを学生自身が決めることは許されない。セクションに配属されるのも、科目の担当教員も、学生は選択を許されず、理系だから文系だからという理由で教材を変えたりもできない。全学の学生が同じ内容で学ぶ、総合プログラムがELPの特徴である。しかし、強制するばかりでは興味も失せるので、学生が主体的に取り組めるように細かい配慮をしている。トピックや教材は今話題になっているものを選ぶようにし、最初から持っていた能力で評価するのではなく、真摯な取り組み方や努力を評価するようにしている。春学期が終わった段階で特別優秀な成績だった学生、あるいは夏休みに自分で努力して英語力が向上したと認められた学生は秋学期以降ひとつ上のプログラムに移動することが許されており、学生たちの励みとなっている。（第3章5.2参照）

　特にライティングの指導で、トピックの選定、展開、結論、総合などの段階で個別指導を行うための教員の負担は大きい。講義の時間だけ来ればよい非常勤教員に任せることのできない部分がELPには多くある。ライティングの課題の締切が近づくと、研究室を訪ねて質問し指導をあおぐ学生数も増加し、廊下に学生の列ができる。またプレゼンテーションやディベートをやらせる際にも、段取りや打ち合わせ、配布物の手配など下準備を整えなければ学生の学びにはつながらず、教室の外での教員の仕事には際限がない。

　また授業関連の責任の他に、教員の担う重要な仕事として、授業外の仕事（non-teaching duties）が割り振られる。内容は、科目に関する責任、委員会の責任、その他の3つに分かれ、以下のような責務が課せられている。
1) 科目に関する責任: 各科目（Academic Reading and Writing, Reading and Content Analysis はプログラムごとにコーディネータを配置）コーディネータに年間で計20名（第3章5.7.2参照）
2) 委員会(人事委員会、プログラム共通テスト委員会、教科書編集委員会、コンピュータ委員会、版権委員会、人権委員会、オープンキャンパス委員

会、FD委員会、親睦委員会、ウェブページ委員会)に年間で計33名
3) その他の委員会(デジタル化委員会、専門分野委員会、障害学生委員会、ウェブ技術委員会)に年間で計8名

ひとりの教員は複数の責任を持ち、同僚と密な連携をとりながら、プログラムの円滑な運営と学生、教員の効率よい活動に貢献する。このようにして、教員個人の細かい指導に加えて統一カリキュラムを実施することが可能になる。指導法やセクションの情報なども教員のあいだで、ファイルシェアリングなどを通じて頻繁に交換がなされている。テストの結果は電算室の努力によって各問い毎に正答率などが計算され、次のテストの参考とすることになっている。

最後に忘れてならないのは、事務方のサポートである。ELP事務室ではフルタイム2名、派遣、パートタイム約10名が、教員のサポート、学生への対応、他の部署との連絡にあたっている。1年生28セクションに加え、2年次プログラムを含めた時間割作成と教室の決定は、本来教務の仕事であるが、あまりに煩雑で複雑なために、伝統的にELP事務室が担当しており、ELPの授業が入れられないコマの制約、教員の担当する科目全体、同一教員が同一セクションを繰り返して教えない、などのさまざまな制約を考慮して時間割を作成することは、大変な時間と労力を要し、主任・副主任も最後の決定まで種々の変更、その影響による対応に追われる。教員には英語、学生には日本語と、事務方もバイリンガルである必要があり、コンピュータにもよく通じていなくてはならず、大学の他の学科、プログラムではまだ実施をみていないオンラインで成績提出が可能であるのも、事務方のサポートがあるからこそである。

5. 学生指導

学生が科目や教員を自由に選べない必修科目であるから、教員間の差異、特に成績に関しての教員間の差異は、学生に重要な意味をもつ。教員との相性などによって成績が左右されることを避けるために、プログラム全体に統一のテストを課し(第3章5.7.4参照)、この数回のテストの成績が教員の出

した成績に加算されて、各部門の中間成績が計算される。また毎週の ELP 会議でも成績のつけ方、授業態度や提出物の評価に関して随時議論がなされている。公平を期す意味から同一のセクションを同じ教員が2学期わたって教えることはなく、学生は毎学期全教科新しい教員と出会うことになる。したがって、たとえある学期相性があまりよくない教員にあたっても、次の学期で違う教員が担当するので、「先生と合わない」ということを成績不良の理由にすることはできない。

学生は、第3章5.2に述べられたように、秋学期からプログラムを移動することが認められる。上のレベルに挑戦したいという気持ちが、新しいセクションで人間関係を作り直さなくてはならない、今までのようないい成績は取れないかもしれないという危惧を乗り越えさせる。ELP ではこの移動を program adjustment と称しているが、背後には、プログラム A が下とかプログラム C が上とかではなく、学生ひとりひとりのニーズに応じてプログラム分けがなされるということ、秋から移動することが学生のニーズにいちばん役に立つのであればそれを調整する手段としてプログラムを変わる、という考え方があり、このような考え方は教養学部の在り方と深くつながっていると思われる。

1年次の授業の大半が ELP で占められるため、ELP の教員はほぼ毎日学生と会うことになる。その他、学生はオフィスアワーに教員の研究室を訪ねることもでき、Tutorial の時間に1対1で個別に指導を仰ぐこともできる。ELP の教員は具体的なスキル、資料の探し方、トピックの決め方などについて細かい指導を行うとともに、悩み多い若い人たちに、異文化の視点から助言をし、日本人教員の場合であれば、日本文化の背景も踏まえて助言する。ELP 教員の研究室は基本的に個室であり、個別指導が有効に行われるよう配慮してあり、廊下には順番を待つ学生の列が常に見られる。

ELP の科目についていけなかったり、学業の問題や学業と直接関係のない問題で悩んでいる学生には、まず担当の教員が個別に面談をし、英語で細かいことや複雑なことを言うことがむずかしい学生には日本人教員が面談をして指導するようにしているが、それでも解決しない時は主任、副主任が面談し、必要な時にはアカデミックアドバイザーやカウンセリングセンターの

助言も得て、ELPを先伸ばしすることのないよう指導している。若い世代には次に入学して来る新入生に混じってELPを再履修するということは、学ぶ意欲を削がれ、ますます修了がむずかしくなるという悪循環に陥ることが多々あるからである。再履修は、新しく入学した学年のセクションに入って学ぶことになり、やる気も失せてしまう。語学プログラムはクラスメートと共にする作業が多く、他者と交わることに困難を感じる学生には、それだけで負担になることもある。近年、心の問題を抱える学生が増え、そのような学生との面談は時間もかかり神経をすり減らすものであるが、特に主任、副主任は、カウンセラーの役割をも担っている。

6. おわりに

ELPは単なる語学科目ではなく、大学全体を巻き込まなければ成り立たない複雑なプログラムである。常にプログラムの詳細とリベラル・アーツ教育の全体を見据え、その教育的効果、必然性について確認をしていなくてはならない。英語はアカデミックな道具であると同時に、筋道を立てて考えるための英知であり、それを大学1年次、2年次という時期に集中して学ぶことが他に優先して重要であるという大学の信念があってこそ、可能なプログラムである。

参考文献

吉岡元子（2002）「第1章 英語でリベラル・アーツ」絹川正吉（編）『ICU〈リベラル・アーツ〉のすべて』東信堂

Chapter 12

ELP への評価

守屋靖代

1. はじめに

　本章は、内外からの評価について述べ、よりよりプログラムのためにどのような課題があるかを将来への計画も含めて提示する。評価する主体として、現役の学生、卒業生、学内諮問委員会、大学基準教会に対する自己点検評価、を取り上げる。

2. ELP 履修中及び終了時の学生から見える ELP

　1 年次 ELP を履修中から、一般教育科目あるいは学科基礎科目を各学期 2 科目、6 単位は履修できるよう ELP のスケジュールが組まれている。英語で開講される一般教育科目(2005 年度では、「言語科学」「ことばと心」「アジア研究への招き」「西洋古典の世界」「生命科学」「行動の科学」など)を選択すれば、ELP での訓練がすぐに活かされることになる。教養学部制で、履修順序が厳密に規定されていないので、基礎科目全てを順当に履修後専門科目を履修する学生は少なく、興味と年間スケジュールを参考に自由に科目を選ぶ。したがって、一般教養科目、基礎科目、専門科目、選択科目を組み合わせて履修する中で、英語で開講される科目、日本語で開講されているが教材や試験が英語という科目において、ELP での知識は役に立つ。英語で渡された教材を抵抗なしに使い、個人またはグループでのプレゼンテーションも、もちろん苦労することは多くとも、英語ですることに抵抗や恐怖

は感じなくなる。

　英語で卒業論文を書く学生も多く(学科により異なるが2004年度で教養学部全体の約4割)[1]、トピックの選び方、分析結果の示し方、議論の展開の仕方はもとより、文献の使い方、引用の仕方、文脈にふさわしい用語や文体の用い方など英語プログラムでの鍛練が活かされている。今や英語を学ぶ目的は、英語圏の文化や歴史を理解することだけを目指すものではなくなり、世界で何が問題でありまた何が重要であるかを知るための不可欠な道具となった。またIT関連の分野でも英語が主たる言語になっている。この状況にあって、ELPでは時代に最も即したトピックと教材を用意するよう心がけ、専門分野で用いられている論文を、長さを調整したりすることはあっても、内容などは外国人向けに手を加えたりせず、むずかしいと思われる箇所には授業で配布する資料などを用いるようにして、できるだけ英語圏の大学での授業と同様にと心がけている。また、マスメディアからの教材も積極的に取り入れ、インターネットからの情報は取り扱いに注意が必要であることを確認した上でどのように利用すべきか指導している。同時に英国人、米国人が使う英語だけが英語ではなくなってしまった現況を考慮して、アジアで使われている英語なども紹介している。ELPは英語**を**学ぶプログラムであり、英語で学ぶプログラムなのである。

3. 現役学生による評価

　ELPを始めて学生たちがまず教わることが、批判的精神を持つということ、即ち教材や教員が言うことを安易に鵜呑みにしないで、その真ぴょう性を自分で判断するということである。ELP自体をも批判的に見る目が育ち、毎学期末にELP授業の評価を書かせる際には、いろいろな意見、感想を書く。時には教員に対する個人攻撃や英語に対する厳しい意見も出てくるが、その際にも感情に走るのでなく、理路整然とプログラムの問題点をついてくる意見があるのは、教えた教員側が教えられるということであり、何よりの成長の証である。評価用紙の作成にも毎学期気を配り、評価をすることがプログラムにとって重要であることを周知徹底する努力も重ねている(第

8章5.5参照)。評価結果は、ELPの教員の間で閲覧され、次の学期、また次の年度のカリキュラム改善に活用されている。

評価用紙は、A4紙で4～5枚にわたり、各々の科目内容、教員の対応、プログラム全体の構成に至るまで学生の意見を広く集めるために、毎学期設問に工夫を重ねている。高等学校までの英語教育とは著しく異なるプログラムであるから最初はとまどいも多いようだが、春学期修了時にはほとんどの学生がプログラムの目的、自己の英語力、異文化に触れる意義などを積極的に評価するようになる。以下は、1年次のELPを終えた時点での意見である(2006年度入学案内、pp. 22–23)。宿題に追われ、徹夜で論文を書き、Tutorialで教員のコメントに学び、新たな発見をしながら、英語力をつけていったプロセスが高く評価されている。

「ELPのテキストには、いろいろな分野の題材が取り上げられていて、それを英語で勉強するのは面白かったです。いかに真剣に学問と向き合うかをELPで学びました」(理学科、大橋めぐみ)

「睡眠時間は3、4時間、受験のときより勉強した1年でした。ELPでは先生との距離がとても近い。授業やテュートリアルの時間以外でも教員と1対1で話をする機会が多く、高校までとは全く違います」(人文科学科、坂部敬史)

「最初は、先生の言っていることはわかっていても、どうやって自分の意見を英語で表現し、サポートすればいいかわからず苦労しました。(学びの)過程を繰り返すことで、数回では理解できなかったことも1年間かけて確実に自分のものにすることができました。ELPで英語力が伸びたのを実感しています」(国際関係学科、澄川沙織)

ELPは、ICU生であるというアイデンティティの大きな部分を占めている。全国大学満足度調査においてICUが高い評価を得たのもELPがあることが大きいと言えるだろう。ベネッセ教育総研が、1997年、2001年に引き続いて2004年6月に行った満足度調査において、ICUは総合満足度第1位であった(2006年度入学案内、p. 14)。この調査は全国156大学の約1万5000人の学生にさまざまな項目に分けて満足度を尋ねたものであり、ICUは、教育内容、教育項目、学びへのコミット、という群で高い

評価を得、1位となった項目は以下のとおりである。

- 総合科目が充実している
- 一般教育科目が充実している
- 教養が身に付く
- 専門基礎知識が身に付く
- 視野を広げることができる
- 教材がよく研究されている授業が多い
- 進んで受けたい授業が多い
- 授業で発表する機会が多い
- 授業中の私語が少ない
- 授業や教育で教員と一体感が持てる
- 協同作業をする機会が多い

これらの項目で満足度1位を得たということは、学生参加を奨励し、主体的な学びを促すICUの教育が学生に高く評価されているということである。4月入学生にとって、始まりはELPでの学びであり、ELPで習得した、自分から発言、発信することの必要性と積極的に授業に関わる態度が、その後の授業にも活かされ、結果高い満足度をもたらしていると言えるだろう。

4. 卒業生の評価

　卒業後の国の内外での働きにおいても、英語プログラムの訓練に負うところが大きいと多数の卒業生がその効果を高く評価している。創立50年を記念して編まれた、武田（2000）第5章は「国際基督教大学の育てた人間像」と題して、卒業生の業績やICUの教育に関する評価を総括している。その中で、卒業生がICUの英語教育をどう評価しているかに言及されている部分を以下に抜粋する。

　「ICU卒業生のうち、言語教育（「英語教育プログラム」および、外国人留学生、その他への「日本語教育」）に携わる人は、非常に多数にのぼると思

える。しかし、言語教育の分野での働きは、卒業生自身の開拓的働きと言うよりも、ICUの初期からの言語教育が、日本の伝統的語学教育とは異なって、コミュニカティヴな、と最近言われることを先取りした、意志を相互に疎通させることに重点を置き、相手の意見を理解するだけでなく、自分の考えをまとめて相手に理解されるよう表現するということに重点をおいた、新しい教育方法であった。学生たちは、そのような教育を受けることによって、バイリンガル(二言語併用)の語学力を身につけることができた。それは、語学専攻の学生たちだけではなく、上述のあらゆる分野に進出した卒業生たちが、他国に行っても、または、他国人と交わり、意見を交換する場合にも、英語を上手に話せるということだけでなく、たとえ、英語が下手であっても、相手の眼を見て、堂々と自分の意見をまとめて述べ、意志を伝達することのできる人として育てられていたことに自ら驚いたというような経験が多く語られていた。フレッシュマン・イングリッシュ("Freshman English"として全員が必修として、まず、とらねばならない英語教育、後にこれはELP、即ち、"English Language Program"とよばれるようになった)を嫌い、苦渋し、専門科目でも、できるだけ英語の講義を避けて卒業できる道をさぐったという卒業生たちも多かった。しかし、そのような学生の場合でも、いざ社会に出てみると、他大学の卒業生とは比較にならない語学力、外国人と交わることに抵抗感のない自由さが身についていることに驚いたというのである。英語圏だけでなく、いろいろの異文化の社会に出ても、ICUで受けたようなカルチャー・ショックは受けず、自然に、どのような文化の人々とも人間的に交わり、意見を交すことができたと卒業生たちは語った。こうした卒業生たちの話をききながら、筆者は、ICUの創設期から行われてきた言語教育の特色と独自な意義を、あらためて考えさせられるのである」(p. 310)

「...このような授業が、言語の習得にとどまらず、何ごとであれ、直面している問題を総合的、批判的に考え、把握し、頭の中で整理して、論理的に自分の考えをまとめる。さらに、それを他者に理解されるように表現する。...こうした思考態度と他者との思想の交流の基礎的訓練となったと思えることである」(p. 311)

「しかし、ICU の言語教育が、単に英語のできる人、日本語の話せる外国人を育てるというような語学教育ではなく、言語と人間形成、言語と文化・思想、コミュニケーションというような観点を重視する言語教育であったのであり、また、そうありつづけようとしていると思えるということを指摘しておきたいと考える次第である」(p. 311)

特に説明や説得のためのプレゼンテーションの技術、Theme Writing で学んだ筋道をたてて考え理論的に書く能力は、アカデミックな場に限らず、さまざまな職種、機関において発揮され、卒業生に高く評価されている。Theme Writing (第9章参照)は単位を落とす学生が多く、ELP の課題のひとつであるが、高いスタンダードで Theme Writing が教えられていることを卒業後認識し、それを続けるべきだと主張する卒業生も多い。創立から50年を経て、卒業生の子供が入学した際、自分は真面目にやらなくて後悔しているので、子供には是非 ELP を真面目にやって欲しい、という要望が聞かれる。

5. 国内、外での評価

ICU の卒業生は、英語ができることを期待され、またそのことで評価されている。国際部門、海外事業部などに配属されることが多い。しかし単にことばの技術に秀でているというのではなく、教養学部教育という広い視野を育む下地があるからこそ、他の専門分野の理解、国際理解、異文化理解に対して開かれた意識をもって任務に当たることができる。その根本には英語教育プログラムで衝撃的に経験した英語を使う世界との出会いがあるだろう。国際機関で働く卒業生に尋ねたアンケートのまとめで、千葉杲弘教授は、次のように述べている。

「ICU の教育は特に現実の問題や新しい課題に学生の眼を向けさせるものが多く、こうした現実に対する関心や積極的にかかわる態度が国際機関においては不可欠の資質でもある。またすべての人に共通した回答は、ICU の語学教育の重要性であった。すなわちプラクティカルな英語、パブリック・スピーキング、高度なレポートの作成等である」(武田 2000, p. 245)

「ICUのバイリンガル教育が、卒業生の国際社会への進出を促したことは間違いない。日・英のcommunication skillは現代の国際化の中では不可欠な技能である。しかし、日英だけでは充分でなく、国連機関に就職するには英語のほかに仏語が絶対に必要である。また他の国連公用語、即ちスペイン語、アラビア語、中国語、ロシア語のうち、一ヶ国語を習得することも重要になってくる。(中略) Communication skillは単なる3R'sの習得ではなく、それはpower of articulation、表現力、対話と平和的・友好的交渉、説得からさらに発展して想像力と創造力、推理力、アイディアの斬新性、企画・計画性と全人的資質の問題へと展開する。それはグローバルなパーソナリティ、アイデンティティをもった人間の育成につながって来る」(p. 249) ここにも、英語教育プログラムの意図する成果が見られる。

6. 教員、行政部、外部による評価

50年を越える英語教育の歴史のなかで、学内外の評価として二度の大きな評価がなされた。ひとつは1997年度に行われた学長諮問委員会による語学プログラム (ELP、JLP) の評価、もうひとつは、2001年度に大学基準協会に提出された自己点検評価である。それぞれの評価の概要と結果は以下の通りである。

>6.1 語学教育プログラムに関する学長諮問委員会報告書

1997年度、語学教育プログラムの評価をすべく、学長の諮問委員会が結成され、1年にわたって会合を開き、資料を検討し、討議がなされた。英語教育プログラムおよび日本語教育プログラムの目的、カリキュラム、教授法、効果に関して、教養学部6学科のうち語学科長を除いた5科長、英語教育プログラムから主任と講師代表1名、日本語教育プログラムから主任と講師代表1名の計9名から成る諮問委員が半年の間に10回以上にわたり会合を持ち、検討を重ねた。

1998年3月にまとめられた報告書でこの諮問委員会が第一に確認したことは、バイリンガル教育の重要性であった。なぜなら英語教育プログラムも

《ELPへの評価》

日本語教育プログラムも、バイリンガル教育という枠組みから求められるスキルを修得させるために存在するからである。英語と日本語を公用語にし、学生はどちらの言語でも講義を受け、単位を修得することができるという大原則に基いての語学プログラムである。諮問委員会の提言は、以下の5点に集約される。

1）バイリンガル教育は、本学に在学する全ての学生が日英両語で不自由なく学問に携わることができ、各人のアカデミックな興味を存分に伸ばすことを目的としている。全ての学生がこの目的を達成するのはたやすいことではない。教養学部全教員の協力が望まれる。

2）ICUの語学プログラムは単なる語学ではなく、異なる言語では異なる見方、考え方をするということを学ぶ機会である。学生は母語に縛られず、異なる思考体系をそのことばを学ぶことにより習得する。このことは異文化に触れるという重要な経験となる。

3）語学プログラムは、学生が自分の考えを的確に述べ、他者とコミュニケーションをとれるスキルを習得させるのに役立っている。

4）バイリンガル教育によって、広い視野を持ち、異文化への興味と適応性を身につけ、国際世界に目を開かれた学生は、更に第3、第4の外国語を習得する意欲を持つようになる。また自身の人格や自分の母語についても更に広い視野で考えられるようになる。

5）大学全体はこの重要な根幹であるバイリンガル教育に理解を示し、その目的の達成のために努力をしなければならない。新任教員着任の折には、このバイリンガル教育の重要性について充分な説明と指導がなされなければならない。

　以上のように、この諮問委員会は本学のバイリンガル教育を最も重要な教育理念のひとつとして確認し、その維持のために各語学プログラムが持つ意義を強調した。単にことばの習得でなく、学問の世界で興味を伸ばし、知識を広げ、自身のアイデンティティを確立するために、語学プログラムは重要な役割を担っており、成績や**TOEFL**の結果からその目的を達成していることが評価され、今後も英語教育プログラムの重要性が大学全体に確認されるべきとの評価が下された。ICUはバイリンガル教育を固持すべきであり、

アカデミックなスキルの導入として ELP は本学の教養学部教育の中核を成す役割を果たしている、この理念と目的の遂行のため、大学全体がそれを理解し支持しなければならない、と諮問委員会は結論づけた。少人数でこその教育効果、また Theme Writing の高い有用性も再確認された。

>6.2　大学基準協会への自己点検評価と評価結果

　2000 年度初めから準備が進められ、2001 年 8 月に大学基準協会に自己点検評価が提出された。この評価は ELP だけでなく、大学全体の評価であるが、ELP についても、18 ページを割いて説明、評価がなされている（『自己点検評価報告書』pp. 157–174）。語学教育プログラムに関する学長諮問委員会報告書で確認された事項を基に、基準協会の指示に従って、現状の説明、点検・評価、将来の改善・改革に向けた方策の 3 点に関して説明がなされ、特に点検・評価の部分では、以下の 10 点について詳しい検討がなされた。

1）ELP における教養学部教育の理念・目的の実現への配慮
2）国際化への配慮と外国語能力の育成のための措置
3）卒業所要単位に占める ELP の配分
4）学生の主体的学修への配慮
5）ELP 授業科目の単位計算
6）単位互換方法
7）教育上の効果を測定するための方法
8）学生に対する履修指導
9）学修の活性化と教員の教育指導方法を促進するための措置
10）授業形態と授業方法、その有効性

　以上の点から明らかになることは、ELP が教養学部のシステムにおいて果たす役割が大きいこと、教養学部の学びを促進するためにその意義が深いことである。将来の改善・改革に向けた方策として 12 点が挙げられているが、以下に箇条書きで抜き出す。
1）ELP は ICU の教養学部教育の導入教育としての役割を果たしている。ELP で習得した批判的学問姿勢や議論の進め方が、ELP の後に履修する

科目において発揮されなければならない。「ELPはスキルだけの教育ではなく、スキルからアーツに至る過程を学ばせる、リベラル・アーツ教育の一部分」（吉岡2002、pp. 32–33）だからである。

2) 20人という小さいクラスでの指導であっても、トピックの選定、展開、結論、総合などの段階で個別指導を行うために、教員の負担が大きい。理想的な教育と現実の教員の負担とのバランスはこれからも課題であり続けるであろう。

3) 必修プログラムであるから、学生がセクションや教員、科目を自由に選ぶことができない。教員の個性を活かしながら、総合プログラムとしての統一をどのように保持していくか、重要な課題である。

4) 全学にELPに関する情報が周到に伝えられるべきである。今学生が学んでいることの要点、目的、課題の内容などについて知ってもらう努力を重ねてELPの目的と役割を繰り返し学内で説く必要があるだろう。

5) 現在4月入学の新入生は600名近く入学して来る。本学が開学された時点では学生数が少なかったので、英語教育も集中プログラムであったが、規模は小さかった。2005年度4月の1年次ELP履修学生は約590名、セクション人数平均は20〜21名であった。手間暇を惜しまない語学プログラムが、学生数の増加によって変化をせざるを得ないことも考えられる。

6) 1年次の授業のほとんどがELPであるために、大学入学という大きな生活環境の変化の中にある1年生に対してELPの教員は時にはアカデミックアドバイザーとなり、時にはカウンセラーとなり、時には人生の先輩として助言をする、というように学生の人格にかかわることが多い。ELP教員にも、教養学部教育の理念、若い世代の心理、日本社会の抱える問題などについて理解し、対応できることがますます重要になるであろう。

7) 不幸にしてどうしてもELPに適応できない学生が出て来るが、必修科目であるから、修了するまで繰り返さなくてはならない。教員が面談して解決することもあれば、問題がそれ以上に複雑であれば、主任、副主任が面談して解決法を探る。ELP執行部の重要な責務のひとつである。

8) Theme Writingを一度で履修できない学生が多く、再履修する学生がいるために、本来20名で構成されるはずのセクションが時には27名や28

名に達することがある。卒業生に Theme Wrting は強く支持されており、まさに教養学部教育の根幹を成す科目として ICU 卒業生のアイデンティティを形成する。スタンダードを下げずに全員にそれを課すということがさまざまな問題を呈しているのも事実である。

9）英語教育だけを唱えるのでなく、大学のカリキュラム全体で支えるということなくして効果のある英語教育はあり得ないということを国内の大学に知らせるという使命を ICU は担っている。

10）ELP の教員は、大きく 2 つに分けて、教授会メンバーである語学科との兼担教員（教授、準教授、助教授）と、講師（課程準教授、課程助教授、専任講師、特任講師、準特任講師）から構成される。講師のうち、準特任講師は 3 年契約、その後審査を経て特任講師 5 年の契約が与えられる。しかし、更にその上の専任講師以上は定数が決まっているために、長くいる講師と、長くはいられないとわかっている講師の大学全体への関心やプログラムとの関わり方の違いなど、大きな問題である。

11）教えることに関しては同等であっても、ELP 人事構成において兼担教員は講師の上に立つことになっていて、プログラムの責任を負うことになっているので、時には講師の意見とは違う立場で判断しなければならない。兼担教員が講師、特に専任講師以上の教員と円滑に協力していく姿勢を持つ努力をしなくてはならない。

12）最後に、主任の責務は兼担教員から選ばれた教員が担うことになっている。1200 名近い学生と毎学期 300 コマを超える授業を抱えているプログラムであるから、日常の繁雑さ、雑務、問題を抱えた学生との面談、教員との話し合い、会議のための議案作成、来訪者の世話、授業参観の手配、教科書会社との交渉など、プログラム内部での仕事も多いうえに、兼担教員には語学科で開講する授業の準備、講義、採点、卒論指導、学内の委員会の仕事、会議などが加わって多忙を極める。しかもその全てを日英両語で遂行しなくてはならない。この負担の大きさを鑑み、大学行政部は 2006 年 4 月から、専任の英語教育プログラム主任を雇うことを決め、英語教育の学位と業績を持ち、行政能力に長けた人材を採用した。

　2002 年 3 月 8 日付けで告知された「国際基督教大学に関する相互評価結

果」という文書において、ICUは大学基準に適合し、相互評価の認定を行うことが適当であるとの評価結果が下された。ELPに関しては助言として挙げられたリスト中、長所の指摘として、「バイリンガル教育を進めるための基礎としてのELP, JLPの導入、46大学との交換留学協定や2団体との海外留学指定協定により、留学・海外研修を推進している点も注目に値する」という記述がある。常に内外からの評価を取り入れ改革を進めて来た姿勢が認められた結果であろう。

ELPの教育成果を維持し、時代の変化に合わせたカリキュラムに変革していくには、英語科の教員だけの努力では、限りがあり、大学行政からの支援が不可欠である。創設以来、英語教育プログラムに対して、ICUは多大な関心と、人的また経済的支援を惜しまないで支えて来た。またELP修了後も英語を使う機会として英語で開講される授業や交換留学、英語で卒論を書くための教員側のサポートなど、ELPがELPに留まらず、次の段階まで周到に用意されてこそ、その意義を全うすることができるのである。

7. おわりに

ELPは有機体である。常に動いており、すぐに解決すべき問題、いずれ解決しなければならない問題を抱えている。50年以上の伝統に支えられているとは言え、学問の伝統にグローバルな時代の価値観をどのように取り入れ学生のニーズに応えるか、「進化」することが内からも外からも求められ期待されている。それは大変なエネルギーを伴うことである。中世ヨーロッパの大学においてTriviumとしてリベラル・アーツの中核を成したのは、文法、修辞学、弁証法であった。ELPはまさにこの3つを現代日本というコンテクストで具現化し、世界村の視野に立って考え行動する国際人を育てようという知の営みなのである。

注

1. 入学後から必要になる具体的なアカデミック・スキルに関して、ELPでは最初の学期にAcademic Learning Strategiesというクラスで集中訓練を実施する。詳細は第

Chapter 12>>

8章5を参照。

参考文献

国際基督教大学（2006）『国際基督教大学入学案内2006』国際基督教大学
国際基督教大学自己点検・評価委員会（編）（2001）『国際基督教大学自己点検・評価報告書2001年　ICU～学び続ける大学』国際基督教大学
武田清子（2000）『未来をきり拓く大学 ─ 国際基督教大学五十年の理念と軌跡』国際基督教大学出版局
吉岡元子（2002）「英語でリベラル・アーツ」絹川正吉（編）『ICU〈リベラル・アーツ〉のすべて』東信堂

Chapter 13

ELP と日本の大学英語教育

富山真知子

1. はじめに

本書を閉じるにあたり、ELP の実際を振り返りつつ、広く日本の大学英語教育のあり方についても考察してみたい。これは第 12 章で、将来の改善・改革に向けた方策として挙げられた 12 点のひとつの「ELP で得られた知見を国内の大学に知らせる」ということに応えるという意味からも重要だと思われるからである。

2. 大学教育理念との連動

ELP には問題がないかと言えば、それはもちろんそうではない。前章に具体的に挙げられたようにたくさんの改善点がある。ただ、もし日本の大学英語教育界にあって「ICU の英語」として、多少なりとも評価していただいているということがあるとすれば、それは本書のスタートで述べたように ELP が ICU という大学全体の教育理念の枠組みの中でとらえられているからこそだと考える。

では、なぜ大学の理念に照らして英語教育カリキュラムを構築するとよいのであろうか。自明の利のように思われるかもしれないが、ここであえて考えてみたいと思う。まず、第一にあげられることは、目標が定まるということである。当たり前のことであるが、教育カリキュラムというものはまず目標があって存在するものであり、その評価も目標に照らしてどの程度達成さ

れているか、どのように効果的かなどの判断が下されるべきものである。ELPでは大学のめざすリベラル・アーツ教育を達成すべく存在している。大学の教育理念が変化しない限り、ELPの目標も変わることはない。創立以来、ELPの目的が変化せず、動かぬ目標をめざして前進し続けているのはそのためである。

　次に挙げられるのは、英語教育カリキュラムが大学の教育理念のもとに構築されることによって、行政、教授陣、事務職員にその重要性や意義が統一して認識されるという点である。これは単に理念的に大学構成員全員に共有されるという利点にとどまらず、実際面でも多大な威力を発揮する。理想的なカリキュラムを構築するのは一仕事であるが、それを絵に描いた餅に終わらせないためには、カリキュラムの構築以上に実際面、実行面での高いハードルが待ち構えている。こうした思いは、この種の仕事に携わったことのある者ならば皆、経験すると思うが、この統一認識によって、高いハードルも乗り越えやすくなるのである。具体例を挙げよう。第11章に詳しく記述されたように、ELPの各コースを実際に大学全体の時間割に組み込むことは教養学部に関わる各組織（各学科、体育科、情報教育プログラム、一般教育プログラム）の協力や連携なしには不可能である。いわゆる「縦割り行政」では実行し得ないカリキュラムなのである。さて、「協力」というのは心に関わる作業である。教授陣や事務方が「ELPは大学の目標達成のための根幹を支えている。だからとても大切だ。ならば喜んで協力しよう」という気持ちを持ってもらえるのは、大学の教育理念と連動しているカリキュラムであるからこそのことだろう。

　さらに、教授陣はELPで培った基礎的学問能力や英語運用能力を持つ学生を目の当たりにしてますますその認識を高める。「ELPでしっかり訓練を受けているので、授業が大変やりやすく、すぐに専門的内容に入れる」などというのは、各学科の教授陣からもらう典型的なコメントである。英語で授業を開講している担当者からも、「学生の英語運用面での能力は文法の正確さや語彙の不足などの点で、もちろん完璧ということでは決してないが、教えていて言語の面で支障が出るということはない」などのコメントが寄せられる。このように、ELPに直接携わることのない教授陣もELPの

プロダクトである学生を教えることを通して、さらに ELP の必要性を実感し、重要性を理解し、より協力するというよい循環が生まれるのである。

3. 日本の大学英語教育

　ここ数年、国立大学の法人化に伴う動きや、私大の志願者数低下による危機感から、より魅力的な大学に生まれ変わろうとする試みの一環として、英語教育カリキュラムの改革に着手する大学が増えた。それゆえと思われるが、ELP に対する問い合わせや見学依頼などが急増し、本書を編もうというきっかけのひとつにもなっている。さらに、文科省は『英語指導方法等改善の推進に関する懇談会報告』(以降『懇談会報告』と略す)(2001)、『「英語が使える日本人」育成のための戦略構想』)(以降『戦略構想』)(2002)、『「英語が使える日本人」育成のための行動計画』(以降『行動計画』)(2003)を発表し、大学の英語教育の在り方についても言及している。JACET 前会長の故田辺氏はこれらを受けて、JACET 会員に JACET として取り組むべき問題や課題を考えるよう要請し、その結果を『田辺メモ: 大学英語教育の在り方を考える』として発表した(以降『田辺メモ』)(2004)。そこで、本書の締めくくりとしてこれらを参照しながら、ELP の実績と実践を踏まえ、これからの日本の大学における英語教育について少し考えてみたい。

　まず、『懇談会報告』を見てみよう。「英語能力は...**(1) グローバルな知識や情報を吸収、発信し、対話、討論するための基本的な能力**として重要である」とした上で、「**(2) すべての学生**が(このような)能力を身に付けることが必須となっていくとの視点」に立つ。また、大学の重要な役割として、「国際社会で **(3) 知的リーダーシップを発揮することができるような人材を養成すること**」とあり、このような観点から「**(4) 単なる英会話能力に終わる**ことなく、異なる文化や歴史、伝統に対する深い理解なども兼ね備えた **(5) 高度のコミュニケーション能力を持つ人材を養成する**ことが必要である」としている。このため、「**(6) 様々な授業科目の履修を通じて幅広い教**養を養うほか、外国語による **(7) 討論やプレゼンテーション**なども取り入れた **(8) 実践的な教育内容・方法の工夫・改善に取り組むこと**」が大学に

は求められている。さらに続けて、「大学における英語教育を考える際には、英語を専門とする学部・学科・課程における教育だけではなく、その他の学部・学科・課程における教育も含め、**(9)大学教育全体における英語教育といった観点**から検討を進める必要がある」としている(数字、太字は筆者が加筆)。

　数字と太字で示したところはまさに ELP において具現化されていると言えないだろうか。(1)、(3)、(4)、(5) に関しては「基礎的学問能力」として第2章で述べた通りであり、(1)、(7)、(8) の具体的なスキルやその指導方法は第4章～第10章に詳しく記述された。(2) に関しては、第3章にある通り、ELP は全員に必修である。(6) の点は、ICU はリベラル・アーツ教育をめざす大学であることからそれが達成される。本書では ICU における一般教育科目の重要性に触れることはできなかったが、この点に関しての詳細は松岡編 (1999)、武田 (2000)、絹川編 (2002) などを参照されたい。最後の (9) に関しては、本章前項において強調した点そのものである。

　次に『戦略構想』での大学への言及は少ないが、「**(10)すぐれた英語教育カリキュラムの開発・実践を行う大学**や、**(11)特に全課程を英語で授業する大学**(又は学部)を重点的に支援」という記述(数字、太字は筆者が加筆)がされている。ICU が 2003 年に「特色ある大学教育支援プログラム」(COL) として採択された取り組みは、正式名称「責任ある地球市民を育むリベラル・アーツ」だが、ここでは ELP が「学術基礎教育の取り組み」に重要な役目を果たしていると謳われており、(10) が認識されたものと思われる。採択理由として「...学生の高い評価を得て学術基礎教育の充実をはかっており他大学に対してもモデルとなる多くの内容を備えている先駆的取り組み」(『平成15年度「特色ある大学教育支援プログラム」審査結果通知』)とある。(11) に関しては、ELP においてはすべて英語で授業が行われ(第3章5.5参照)、オフィスアワーや Tutorial[1] などを含め、教員とのコミュニケーションは英語で行われる。

　『行動計画』においては大学への言及は基本的には1項目で、ずばり、「**(12)大学を卒業したら仕事で英語が使える**」(数字、太字は筆者が加筆)と

いう目標が掲げられている。果たしてELPで訓練を受け、その後も英語で開講される授業を履修し、リベラル・アーツ教育を享受してICUを卒業したものは学問のみならず、「仕事で」も英語が使えるのであろうか。ELPでは英語で「基礎的学問能力」を養うのであるとは繰り返し述べた。「学問能力」は「仕事能力」にも通ずるのであろうか。是である。第2章にあげた「基礎的学問能力」の内容を思い出していただきたい。再びここにその項目をリストしてみよう。

1. 正確な理解能力
2. 批判的思考能力
3. 学問探究能力
4. 自己表現能力
5. 問題解決能力

筆者は残念ながら、アカデミックな世界にしか身を置いたことがないが、大学内での行政職にはここ数年ついている。その経験からしても、見聞きするビジネスの世界を考えても、3.の「学問探究能力」を「ビジネス探究能力」と置き換え、それ以外の項目も対象とする事柄をビジネスの内容とすれば、これらの能力はすべて、仕事をする上で必須の能力であると考えられる。

さらに、第1章で引用した絹川前学長のことばを思い出してみよう。「ひとつの学問的思考様式(分析のみでなく統合を含む)を身につけ、専攻学問の知識探求の方法的基礎訓練により、学問との一体感を体験し、自分の能力に自信を持つこと、すなわち、知的世界における自己同一性を確立することである。そのような専門学習は**職業選択が学習した専門と無関係であっても、意味をもつようなものである**」(2002、p. 5)(太字は筆者)。リベラル・アーツの汎用性はここにある。

こうしてみると、このような能力は対象とする中味を適宜当てはめれば、ビジネスの世界にとどまらず、日常の社会生活やグローバルな世界を生きて行く上で、これからは誰にでも必要とされる能力なのではなかろうか。昨今はやりの「生きる力」とは具体的にはこうした能力をさすのではないかと筆

者は考えている。

　最後の『田辺メモ』に移ろう。JACET として取り組むべき項目の第2位に「英語を使いこなす能力の意味と具体的な目安の確立」がある。本書ではこれらの点を具体的に紹介したつもりだ。繰り返しは避けるが、今後各大学の英語教育に何らかの示唆を与えるものとして役に立てば幸いである。

　第10位には「大学英語教育のための大学間における協力体制の構築」がある。本書はまさに、ELP やそれ以前のプログラムも含めて ICU で実践してきた英語教育の知見を日本の大学の参考に供し、協力しようとするものである。もちろん、それぞれの大学にはそれぞれの教育理念や実情があろう。それに応じ、参考になるところは参考にしていただき、そうでないところは読み捨てていただければよい。ただ、次の1点に関してはひとこと述べておきたい。よく ELP に寄せられるコメントとして、「ICU はそもそも学生の英語能力が高いからこういうプログラムができるのであって、とてもうちの大学ではできない」というものがある。確かに入学時の ITP のスコア平均が 511（2005 年度入学者）というのは日本の平均からすれば高い。したがって、そういう側面も否めないであろうとは思う。だがその一方で、いやしくも大学生となったからには『懇談会報告』にもあるように「すべての学生が（このような）能力を身に付けることが必須」なのである。教える側としてはどのような学生に対しても、これを達成させる責任を負っているという認識は常に持ち合わせていたい。

　同時に、学生の能力を過小評価しないということも大切な点だ。他大学で非常勤講師としても勤める ELP のインストラクターのホーマン氏は、出版業界を含めた日本の英語教育界の、学生に対する過小評価の問題を指摘する（ホーマン氏談）。ホームステイやレストランでの注文といった一見とっつきやすそうなトピックで「英会話」のシラバスを作るのも場合によっては有効かもしれないが、どんな大学生も本来はもう少しアカデミックなトピック、内容を欲しており、できることなら、「情報の吸収、発信、対話、討論、という基本的な能力」（『懇談会報告』）を身に付けたいと考えている。ホーマン氏の経験によれば、それぞれの言語レベルに合わせ、彼らの能力を過小評価せず、可能性を信じて指導を行えば、入学時に熟達度が低い学生でもこう

した目標にかなりの割合で到達することができるそうである。たとえ、英語能力が現段階では低かろうとも、彼らの知的好奇心を引き出すことに情熱を傾け、専門的外国語教育の知識や経験を駆使して構築したカリキュラムを実践するならば、成果は必ず出るという教える側のポジティブな態度も大切なのである。

さらに『田辺メモ』では個人的にJACETとして取り組むべき問題もまとめている。その中に、「学内での英語教育の専門性と重要性の認識徹底」があげられている。本章前項に述べた通り、学内でのこうした認識はプログラム運営上欠かせない非常に重要な点である。全学教授陣、事務職員すべてによる、「高い専門性を持つプロフェッショナルな集団が英語教育課程を支えている」という認識、そして何よりも「その課程が大学全体にとって重要である」という認識が浸透してこそ、そのプログラムの成功がある。ELPがこの重要性を裏付けていると言えるのではないだろうか。

続いて、「学部の専門教育に英語教育がどのように統合されるか」ということも悩み多き点としてあげられている。第1章及び第2章に詳述した通り、ICUでは英語でリベラル・アーツ教育を行うことにより、英語が専門教育に繋がっている。ELPでは英語で「基礎的学問能力」を養成するということが目標であるので、専門学問に働きかけるスキルとして、また言語として統合されている。英語という言語として独立して存在しているのでもなく、英語という言語モードでのみ「基礎的学問能力」が働くわけでもない。このようにICUでは、英語で「基礎的学問能力」が訓練されるため、専門教育の土台として英語教育が統合されているのである。

最後に『行動計画』同様『田辺メモ』においても「大学の英語教育(の)社会との連携」の重要性が指摘されている。前述した通り、ELPで培われた能力は必ずや「仕事」やその他「社会」においても威力を発揮すると思われる。

4. おわりに

文科省の発表、その他に代表されるように、社会は大学に「国際社会で知

的リーダーシップを発揮することができるような人材を養成する」(『懇談会報告』)ことを求めている。ELP において、ICU の標榜するリベラル・アーツ教育に導入された学生は、日英両語で発信されたグローバルな知識や情報を吸収し、英語で培った汎用性のある「基礎的学問能力」を駆使することにより、国際社会で知的リーダーシップを発揮する力を手に入れたことになる。

注

1. 日本人教員によるオフィスアワーや Tutorial の際、情意的側面を考慮して臨機応変に日本語で対応する場合がある。非常にパーソナルな問題や、デリケートな問題の場合は当然母語の方が感情を吐露しやすい。また不安をかかえたり、自信欠如に陥っている場合なども同様であり、日本人として感情を共有できる日本人教員との日本語による対話はそうした学生にとっては何よりの「息抜き」になる。ノンジャパニーズ教員との英語による対話は彼らの「外」の顔であり、日本人教員との母語によるそれは「内」の顔である(第3章5.6も参照のこと)。

参考文献

絹川正吉(編)(2002)『ICU〈リベラル・アーツ〉のすべて』東信堂
絹川正吉(1999)「ICU 教養学部への誤解を解く」松岡信之(編)『行動するリベラルアーツの素顔 — ICU のリベラルアーツ教育』国際基督教大学
武田清子(2000)『未来をきり拓く大学 — 国際基督教大学五十年の理念と軌跡』国際基督教大学出版局
田辺洋二(2004)『田辺メモ: 大学英語教育の在り方を考える』http://www.jacet.org/2004/040620tanabe–memo.html
松岡信之(編)(1999)『行動するリベラルアーツの素顔 — ICU のリベラルアーツ教育』国際基督教大学
文部科学省(2001)『英語指導方法等改善の推進に関する懇談会報告』http://www.mext.go.jp/b_menu/houdou/13/01/010110a.htm
文部科学省(2002)『「英語が使える日本人」の育成のための戦略構想』http://www.mext.go.jp/b_menu/shingi/chousa/shotou/020/sesaku/020702htm#plan
文部科学省(2003)『「英語が使える日本人」の育成のための行動計画』http://www.mext.go.jp/b_menu/houdou/15/03/03033101.htm

執筆者一覧

桐村美香（きりむら　みか）　　元 ELP 特任講師、現獨協大学非常勤講師
富山真知子（とみやま　まちこ）　　言語教育デパートメント教授
林千代（はやし　ちよ）　　元 ELP 準特任講師、現国立音楽大学准教授
深尾暁子（ふかお　あきこ）　　ELP 課程准教授
藤井彰子（ふじい　あきこ）　　元 ELP 準特任講師、現国際基督教大学・東京大学非常勤講師
守屋靖代（もりや　やすよ）　　言語教育デパートメント教授
渡辺敦子（わたなべ　あつこ）　　ELP 課程准教授
Ged O'Connell（ジェッド・オコネル）　　ELP 課程上級准教授
David Pickles（デイビッド・ピクルス）　　ELP 課程上級准教授

〈編者紹介〉
富山真知子（とみやま　まちこ）
国際基督教大学（ICU）教養学部語学科卒。カリフォルニア大学ロサンゼルス校（UCLA）より修士号取得（Teaching English as a Second Language）。ペンシルベニア州立大学（Pennsylvania State University）より博士号取得（Applied Linguistics）。アメリカでの ESL 教授経験を経たのち、日本の国立大、私大でも英語教授経験を持つ。2001 年より ICU 教授。英語教育プログラム（ELP）の主任を 3 年間務める。2005 年より教養学部副部長、2008 年より大学院教育学研究科長。

ICU の英語教育
リベラル・アーツの理念のもとに

2006 年 4 月 10 日　初版発行　　2010 年 4 月 30 日　3 刷発行

編　　者	富山真知子
発行者	関戸雅男
印刷所	研究社印刷株式会社

KENKYUSHA
〈検印省略〉

発行所　株式会社　研究社

〒102-8152
東京都千代田区富士見 2-11-3
電話　（編集）03(3288)7711（代）
　　　（営業）03(3288)7777（代）
振　替　00150-9-26710

© Machiko Tomiyama, 2006
Printed in Japan / ISBN 978-4-327-41067-4　C3082
http://www.kenkyusha.co.jp/
装丁：清水良洋（Push-up）／ 本文デザイン：古正佳緒里